INTERPRETATIONSHILFE DEUTSCH

Georg Büchner

Woyzeck

Interpretiert von
Gabrielle Steinbach

STARK

Bildnachweis
Umschlagbild und Seite16, 19, 50: Woyzeck (BRD 1979, Regie: Werner Herzog). Cinetext Bild & Textarchiv GmbH, Frankfurt
Seite 3: © bpk 1094/48 Büchner, Georg (1813–1837). Einziges Porträt von A. Hoffmann
Seite 4: © bpk, Berlin 2002
Seite 6, 9: Museum für Geschichte der Stadt Leipzig
Seite 24: Thilo Beu/Schauspiel Bonn

Der Verlag hat sich bemüht, die Urheber der in diesem Werk abgedruckten Abbildungen ausfindig zu machen. Wo dies nicht gelungen ist, bitten wir diese, sich ggf. an den Verlag zu wenden.

ISBN: 3-89449-549-9

D-85318 Freising · Postfach 1852 · Tel. (08161) 1790

Inhalt

Autorin: Gabrielle Steinbach

Vorwort

Liebe Schülerin, lieber Schüler,

Georg Büchners *Woyzeck* gehört zum Standardrepertoire eines jeden Abiturienten. Diese Interpretationshilfe ermöglicht Ihnen, sich gezielt auf den Deutschunterricht vorzubereiten und auch mögliche Klausuren zum Thema erfolgreich zu bewältigen.

Zunächst werden Sie den **biografisch-historischen Hintergrund** rund um die Entstehung des Stückes kennen lernen sowie **Inhalt und Bedeutung der Einzelszenen** erfassen.

Die besondere, innovative Kraft, die vom Stück ausgehend die Theatergeschichte der Neuzeit prägte, wird Ihnen dann im Rahmen der **Textanalyse und Interpretation** erläutert. Dabei wird ein Schwerpunkt auf die psychischen und physischen Belastungen des Protagonisten Woyzeck gelegt, die neben seiner sozialen Determiniertheit in die Katastrophe führen und sein Verhalten erklären. Es geht um die Frage nach Schuld und Schuldfähigkeit, die Büchner anhand der realen Vorlage zum Fall Woyzeck dazu brachte, die Umstände, welche einen Menschen in den Abgrund treiben, näher zu beleuchten und auf die Bühne zu bringen. Die kritischen Ansichten Büchners, die sich in den Nebenfiguren, die Woyzeck „umkreisen", grotesk verzerrt widerspiegeln, werden ebenso beachtet wie sein neues dramatisches Konzept.

Abschließend erhalten Sie einen Einblick in die **Rezeption** des Stückes: Der *Woyzeck* hat eine wechselhafte und oft launische Akzeptanz erfahren, er nimmt aber heute einen festen Platz auf unseren Bühnen ein. Die angefügten **Literaturhinweise** sollen Sie zum weiterführenden Studium der einzelnen Problemschwerpunkte ermuntern und Ihnen Hilfestellung geben.

Gabrielle Steinbach

Gabrielle Steinbach

Einführung

Woyzeck, das kurz vor Büchners Tod 1836 verfasste Drama, das erst ein halbes Jahrhundert später (1879) von Karl Emil Franzos in einer ihm logisch erscheinenden Szenenfolge arrangiert wurde, beschäftigt seitdem die Literaturwissenschaftler und ist auch heute noch verbreitete Schullektüre.

Denn das Schicksal des Woyzeck, das auf einer wahren Begebenheit beruht, ist auf eine besondere Art immer noch modern und herausfordernd: Zum ersten Mal in der Literatur wird hier der **Mensch in seiner sozialen Determiniertheit** offenkundig (determiniert: festgelegt, ohne Entscheidungsfreiheit). Büchners Drama zeigt den Menschen in seinen gesellschaftlichen Verstrickungen, die ihn eher zerstören als dass sie ihn fördern.

Woyzeck ist der arme, hilflos ausgelieferte Mensch, der das Einzige, was ihm das Leben lebenswert macht, verliert: Marie, seine Geliebte und die Mutter seines Kindes. Er, der mit erniedrigenden Nebenbeschäftigungen seinen dürftigen Soldatensold aufzubessern versucht, kann Marie nicht das bieten, was diese vom Leben erwartet. Sie „geht fremd" mit einem schneidigen, vor Lebenskraft strotzenden Tambourmajor und lässt den zutiefst verletzten Woyzeck im Stich.

Nun, das ist, wie Heinrich Heine bemerkt, eine „alte Geschichte". Immer wieder verlassen Menschen einander, um ihr Glück anderswo und mit anderen Partnern zu finden. Manchmal werden die zurückgelassenen Lebensgefährten mit der Situation nicht fertig und richten sich nicht selten zugrunde. Oder sie wenden die Aggression nach außen und tun dem davongezogenen Partner Gewalt an, weil sie die Schmach nicht ertragen und die Eifersucht sie zu kopflosen Handlungen treibt.

Woyzeck, im richtigen Leben nach langen, zermürbenden Prozessjahren öffentlich hingerichtet, wird in Büchners (unvollständig gebliebenem) Fragment aber von einer anderen Seite beleuchtet: Er wird zum **Opfer einer inhumanen Umwelt**, die seine eigentliche, freie und selbstverantwortliche Entfaltung verhindert, weil sie ihn zum Versuchskaninchen und zum willfährig ausführenden Instrument eines psychopathischen Vorgesetzten macht. Die sinnlose Erbsendiät und der enorme Druck, der auf Woyzeck lastet, zerstören ihn körperlich wie psychisch und eröffnen ihm gar eine „doppelte Natur“: Er hört Stimmen, die ihn zur Bluttat, zur Ermordung Maries drängen.

Woyzeck wird in der Büchner'schen künstlerischen Gestaltung der allen idealistischen Anschauungen widersprechende Repräsentant des Menschen, der seiner Würde sukzessive beraubt wird und dem nur noch der Ausweg über die Bluttat bleibt, zu der ihn Betrug, Untreue, Ausbeutung und Demütigung treiben.

Es gilt jedoch nicht, das von Woyzeck begangene Verbrechen zu entschuldigen. Vielmehr sollen die unterschwelligen, eigentlichen **Beweggründe einer gequälten Kreatur** dargestellt werden, die keine eigene Entscheidungsmöglichkeiten außer der Bluttat mehr in Erwägung ziehen konnte.

Die **Aktualität** des Büchner'schen Stückes ist somit auf verschiedenen Ebenen zu verfolgen: auf der politisch-gesellschaftlichen, auf der weltanschaulich-philosophischen und auf der individuell-wertorientierten. Von diesen drei Schwerpunkten her soll das Drama betrachtet werden, nachdem die Biografie Georg Büchners, das Stück selbst und die Hauptpersonen näher beleuchtet worden sind. In einer abschließenden Betrachtung wird dann auf die Möglichkeiten, Büchner heute zu rezipieren, eingegangen.

Biografisch-historischer Hintergrund

Lebenslauf Georg Büchners

Georg Büchner (1813–1837)

Der am 17. Oktober 1813 in Goddelau bei Darmstadt als Sohn eines Landarztes geborene Georg Büchner hat zwar nur wenige Werke hinterlassen, die aber um so nachhaltiger die Literatur- und Theatergeschichte geprägt haben.

Büchner entstammte einem gutbürgerlichen Elternhaus, in dem großer Wert auf eine umfassende Bildung gelegt wurde. Von 1825 bis 1831 besuchte er das Darmstädter Pädagog (humanistisches Gymnasium). Hier spielten naturkundliche Studien, aber auch die Beschäftigung mit deutscher und antiker Literatur eine wichtige Rolle. Schulaufsätze und Reden des Gymnasiasten machen sein aufkommendes Interesse an politischen und sozialen Verhältnissen deutlich. Ab November 1831 studierte Büchner in Straßburg Medizin; dort lernte er das Gedankengut der Französischen Revolution kennen. 1833 setzte er das Studium in Gießen fort und gründete im März 1834 zusammen mit Studenten und Handwerkern die Gießener Sektion der Gesellschaft für Menschenrechte. Büchners im Juli 1834 gedruckte Flugschrift *Der Hessische Landbote* mit dem berühmten Beginn: „Friede den Hütten, Krieg den Palästen!" schlug wie eine Bombe in die etablierte feudale Gesellschaft Deutschlands ein.

Aber wer war Georg Büchner? Ein Feuerkopf, wie einige seiner Freunde meinten? Ein Sozialrevolutionär? Sein systemkritischer *Hessischer Landbote* würde dies bestätigen. Büchner setzte sich Zeit seines Lebens für die Armen und Entrechteten ein. Er konnte das soziale Ungleichgewicht und die Arroganz der bourgeoisen Schichten nicht ertragen und kämpfte dagegen mit seiner Flugschrift. Trotz der Anonymität dieser Schrift wurden einige Mitglieder der Menschenrechtsgesellschaft verhaftet. Im September 1834 zog sich Büchner deshalb zunächst ins Elternhaus nach Darmstadt zurück. Anfang März 1835 musste er nach Straßburg fliehen, um sich seiner Verhaftung zu entziehen.

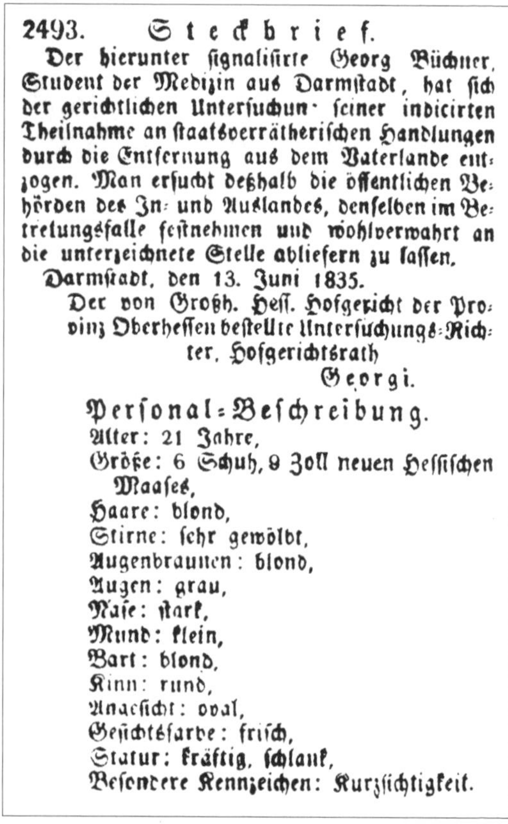

2493. Steckbrief.

Der hierunter signalisirte Georg Büchner, Student der Medizin aus Darmstadt, hat sich der gerichtlichen Untersuchun- seiner indicirten Theilnahme an staatsverrätherischen Handlungen durch die Entfernung aus dem Vaterlande entzogen. Man ersucht deßhalb die öffentlichen Behörden des In- und Auslandes, denselben im Betretungsfalle festnehmen und wohlverwahrt an die unterzeichnete Stelle abliefern zu lassen.

Darmstadt, den 13. Juni 1835.

Der von Großh. Hess. Hofgericht der Provinz Oberhessen bestellte Untersuchungs-Richter, Hofgerichtsrath

Georgi.

Personal-Beschreibung.

Alter: 21 Jahre,
Größe: 6 Schuh, 9 Zoll neuen Hessischen Maases,
Haare: blond,
Stirne: sehr gewölbt,
Augenbraunen: blond,
Augen: grau,
Nase: stark,
Mund: klein,
Bart: blond,
Kinn: rund,
Angesicht: oval,
Gesichtsfarbe: frisch,
Statur: kräftig, schlank,
Besondere Kennzeichen: Kurzsichtigkeit.

Der Steckbrief dokumentiert, für wie gefährlich der nach dem Wiener Kongress neu stabilisierte feudale Staat Büchner ansah.

Neben seinen politischen Aktivitäten und medizinischen Studien war Georg Büchner literarisch tätig. In seinem Drama über die Französische Revolution, *Dantons Tod* (1835), zeigt er die Folgen der Aufhebung des Ancien Régime und die zentralen Probleme der Französischen Revolution, die in den bitteren, weltanschaulich diametral entgegengesetzten Ideologien von Danton und Robespierre verdeutlicht werden.

Ganz anderer Natur ist das Lustspiel *Leonce und Lena* (1836), in dem unter anderem die Hofgesellschaft samt ihrer zu Marionetten gewordenen Repräsentanten satirisch dargestellt wird.

Titelfigur der 1835 entstandenen, unvollendeten Erzählung *Lenz,* die erst nach Büchners Tod durch eine Abschrift seiner Braut Minna Jaeglé an die Öffentlichkeit kam, ist der Sturm-und-Drang-Dichter J. M. R. Lenz, der an einer seelischen Erkrankung litt. Wesentliche Hinweise zu Büchners ästhetisch-künstlerischen Ansichten finden sich in diesem Text.

Im Sommer 1836 begann Büchner mit der Arbeit an *Woyzeck.* Woyzecks Situation, seine Determiniertheit durch seinen sozialen Stand und durch die daraus resultierenden Zwänge, die zum zunehmenden Verlust seiner Persönlichkeit führen, werden mosaiksteinartig aufgezeigt; die antiidealistische künstlerische Gestaltung kommt beeindruckend hinzu und macht das Stück so zu einem Vorläufer naturalistischer Werke.

Im September 1836 schloss Büchner das Medizinstudium mit dem Doktortitel der Universität Zürich ab. Die Forschungen zu seinem Promotionsthema *Das Nervensystem der Fische* schärften seinen Blick für das Beobachtbare, das exakt Nachweisbare. Dieser im Grunde positivistische Denkansatz kommt auch in seinem literarischen Werk zum Ausdruck.

Ab November 1836 arbeitete der junge Mediziner als Privatdozent am Lehrstuhl für Anatomie und Physiologie in Zürich. Anfang 1837 erkrankte er an Typhus. Büchner starb mit 23 Jahren am 19. Februar 1837, das Drama *Woyzeck* blieb unvollendet.

Der historische Woyzeck

Georg Büchner hat historische Vorfälle als Stoff- und Motivmaterial für seine Dichtung benutzt. Auch dem Drama *Woyzeck* liegt ein realer Fall, eine wahre Begebenheit zugrunde:

Johann Christian Woyzeck wurde am 3. Januar 1780 in Leipzig als Sohn eines Perückenmachers in ärmsten Verhältnissen geboren. Nach mehreren abgebrochenen Handwerkerlehren und Jahren vergeblicher Arbeitssuche führte er ein unstetes Wanderleben und schlug sich als Diener, Soldat und Gelegenheitsarbeiter durch. Im Winter 1818 kehrte er nach Leipzig zurück. Dort unterhielt er eine außereheliche Beziehung zu der Baderswitwe Johanna Christiane Woost. Es kam jedoch bald zu Eifersuchtsszenen, als die Witwe Woost sich weigerte, den Umgang mit anderen Männern, insbesondere mit Leipziger Stadtsoldaten, aufzugeben. Nach verschiedenen kleineren Diebstählen wurde Woyzeck wegen Misshandlung der Frau Woost Anfang 1821 zu acht Tagen Arrest verurteilt. Er sank sozial weiter ab, übernachtete im Freien, lebte von der Bettelei. Am 2. Juni 1821 erstach der 41-jährige Woyzeck seine Geliebte.

Während der gerichtlichen Untersuchung des Falles tauchte die Vermutung auf, Woyzeck sei geistig verwirrt, da er zur Tatzeit unter Wahnvorstellungen litt. Trotzdem wurde er 1823 zum Tode verurteilt. Es kam zur Revision des Falles, Woyzeck wurde aber aufgrund verschiedener Gutachten dann doch für voll zurechnungsfähig erklärt. Am 27. 8. 1824 wurde er in Leipzig hingerichtet.

Büchners **Quellen** für sein Drama stellen zum einen die gerichtsmedizinischen Gutachten des königlich-sächsischen Hofrats Dr. Johann Christian August Clarus dar: *Der Gemütszustand des Mörders Johann Christian Woyzeck* (1821) und *Die Zurechnungsfähigkeit des Mörders Johann Christian Woyzeck* (1823) in der *Zeitschrift für die Staatsarzneikunde.* Darüber hinaus benutzte Büchner weitere Quellen, so etwa Akten aus Mord-Prozessen gegen Daniel Schmolling 1817 in Berlin und Johann Dieß 1830 in Darmstadt, aber auch das Märchen *Sterntaler.*

Der reale Fall und Büchners Konzept

Johann Christian Woyzeck hat seine Geliebte umgebracht und wurde zum Tod verurteilt und hingerichtet. In der Öffentlichkeit wurde die Frage der Schuldfähigkeit Woyzecks diskutiert, der von Visionen, inneren Stimmen usw. erzählte.

Büchner kannte den Fall aus den Gutachten des Dr. Clarus, der den Gemütszustand Woyzecks mehrfach untersuchte und den Angeklagten für zurechnungsfähig erklärte. Diese Entscheidung von Clarus führte zu heftigen öffentlichen Diskussionen, so dass er sich zur Veröffentlichung seiner beiden psychologischen Gutachten entschloss.

An dem Fall Woyzeck interessierte Büchner insbesondere die **psychosoziale Determiniertheit** dieses Mannes. Schon 1834 vertrat er die These, es liege nicht in der Gewalt des Einzelnen, ein Dummkopf oder ein Verbrecher zu werden.

Entsprechend **konzipierte** Büchner die Figur: Arm, mit größeren finanziellen Verpflichtungen, nutzt sein Woyzeck jede Gelegenheit, Geld zu verdienen (er schneidet Stöcke, mit denen Soldaten zur Strafe verprügelt werden; er rasiert den Hauptmann und er stellt seinen Körper für medizinische Experimente zur Verfügung). Immer ist er dabei Leuten ausgesetzt, die ihm sozial überlegen sind und die zu seiner psychischen wie körperlichen Demontage beitragen.[1] Er selbst sieht zwar seine Lage, kann aber nichts ändern. Er hat eine feste Beziehung zu Marie, die ein Kind von ihm hat, der aber das Leben, das er ihr zu bieten hat, nicht genügt. So geht sie fremd mit einem Tambourmajor. Damit verliert Woyzeck alles, was er hat. Ihm bleibt nur, die Geliebte umzubringen in einer Welt, die eben nicht gut, sondern böse, schlecht ist, oder, wie die Großmutter es in ihrem „Märchen“ ausdrückt, ein „umgestürzter Hafen“ (umgekippter Nachttopf).[2]

Zur Entstehungs- und Editionsgeschichte des *Woyzeck*

Georg Büchners Drama *Woyzeck* ist nur als Fragment vorhanden und liegt in keiner letztgültigen Fassung vor. Wir müssen von verschiedenen Entwurfsstufen des Werkes ausgehen, wie sie in **vier handschriftlichen Szenenfolgen** überliefert sind:

- **H 1** enthält 21 Szenen: Die weibliche Hauptfigur lernt ihren Verführer kennen, dieser steht in der militärischen Hierarchie über Louis und schickt diesen weg. Magreth wendet sich dem Verführer zu, Louis geht ins Wirtshaus und überrascht beide beim Tanz, es folgt die Eifersucht Louis'. In der Szene *Freies Feld* wird sein psychischer Zustand erahnbar, es kommt zum Mord. Wir können also bei dieser Version von einem Eifersuchtsdrama sprechen.
- **H 2** enthält 9 Szenen. Die Szenen mit dem Hauptmann und dem Arzt kommen hinzu, damit wird ein Wandel zum sozialen Drama vollzogen. H 1 und H 2 entstanden im Sommer/Herbst 1836, sie stellen wohl die ältesten Fassungen dar.
- **H 3** enthält nur 2 Szenen, vor allem die Szene *Der Hof des Doktors,* die eine Verschärfung der Sozialkritik bringt.
- **H 4** enthält insgesamt 17 Szenen, wobei 14 Szenen aus H 1 oder H 2 hervorgehen. Auch H 4 reicht nur bis zur Szene, in der Woyzeck seine Sachen verschenkt. Da unterbrach der Tod die Arbeit Büchners. *Woyzeck* blieb unvollendet, wir haben keine eindeutige Anordnung der Szenen und keine vom Autor autorisierte Fassung.

Im Rahmen der ersten Büchner-Gesamtausgabe von Karl Emil Franzos 1879 erschien erstmals auch der *Wozzeck.* (Der gewählte Titel beruhte auf einem Lesefehler.) Die Edition enthielt zahlreiche Lesefehler, Auslassungen und Hinzudichtungen, die Anordnung der Szenen erfolgte nach dem Schema des klassischen Dramas. Das Fragment hatte eine große Wirkung auf Naturalismus und Expressionismus. Mit der *Woyzeck*-Ausgabe von Georg Witkowski 1920 wurde die erste Version mit korrektem Text vorgelegt. Die Büchner-Gesamtausgabe von Fritz Bergemann 1926 griff auf Arrangements von Franzos zurück und stellte einen Kompromiss zwischen wissenschaftlichem und spielbarem Text sowie eine Vermischung verschiedener Entstehungsstufen dar. Erst die Büchner-Gesamtausgabe von Werner Lehmann 1967 *(Hamburger Ausgabe)* brachte eine historisch-kritische Fassung.

I. C. Woyzeck.
Geht seinnen Tode als reuevoller Christ entgegen auf dem Marktplatze zu Leipzig, den 27 August 1824.

Inhalt und Bedeutung der Einzelszenen

1. Zimmer (S. 5–7)

In der ersten Szene wird der stark überzeichnete, typisierte Hauptmann der Figur des Woyzeck gegenübergestellt. Die handlungsarme Szene, in welcher Woyzeck den Hauptmann rasiert, offenbart einen für die Exposition des Stückes wichtigen Dialog zwischen zwei offensichtlich völlig konträren Charakteren.

Da ist auf der einen Seite der Hauptmann, der Woyzeck mit seinen obskuren weltanschaulichen Überlegungen konfrontiert. Belehrend und von oben herab wirft er Woyzeck neben Dummheit auch mangelnde Moral vor: „Moral, das ist, wenn man moralisch ist." Genauer äußert er sich nicht, sondern er versteht sich auf Tautologien, die Woyzeck dazu bringen, sich zu erklären.

Der Zuschauer erfährt, dass Woyzeck ein uneheliches Kind hat – die Moral knüpft Woyzeck eng an die materiellen Verhältnisse, die es Leuten wie ihm eben nicht gestatten, „moralisch" zu sein. Ebenfalls fehlt ihm die Tugend. Hätte Woyzeck die finanziellen Mittel, könnte er leicht tugendhaft sein.

In der Szene werden also die bürgerlichen Werte und Normen von einem Vertreter des Militärs vollmundig verkündet, ohne Rücksichtnahme auf deren tatsächlich machbare Umsetzung in den ärmeren Schichten, deren Repräsentant Woyzeck nun einmal ist. Selbstverliebt und über jeden Zweifel erhaben glaubt sich der Hauptmann sicher in diesem festgefügten Werte- und Ordnungssystem. Er schickt Woyzeck weg, nicht ohne ihm noch vorzuwerfen, immer „verhetzt" zu sein und zu viel zu denken. Der Hauptmann kann (und will) Woyzeck nicht ausloten, er behandelt ihn wie einen Menschen zweiter Klasse, dem man Vorschriften machen kann und den man nicht ernst zu nehmen braucht.

2. Freies Feld, die Stadt in der Ferne (S. 7)

Woyzeck und sein Freund Andres schneiden Stecken für die Offiziere. Diese Stecken werden für die Prügel der Rekrutierten benutzt. Woyzecks Angst vor dem Unheimlichen drückt sich in dem Hinweis auf die Freimaurer aus, die er verantwortlich dafür macht, dass er Stimmen hört und dass seine Welt sich langsam verändert („Alles hohl da unten.“). Apokalyptische Anspielungen (Glut, Feuer, Getös, Posaunen) unterstreichen die düstere und unheimliche Atmosphäre und machen dem Betrachter die psychologisch bedenkliche Situation, in der sich Woyzeck befindet, deutlich. Er sieht Zeichen und hat Ahnungen des ihm bevorstehenden Endes. Letztlich ist hier nur Andres die Brücke zur Wirklichkeit, hört dieser doch die Trommeln in der Kaserne und mahnt zur Rückkehr.

Entwurf von Caspar Neher zur Szene „Freies Feld“.

3. Die Stadt (S. 8–9)

In dieser Szene wird Marie eingeführt, die Geliebte und Lebensgefährtin Woyzecks, mit der er einen Sohn hat, die er aber aufgrund seines geringen Lohnes nicht heiraten kann. Marie begegnet hier zum ersten Mal dem Tambourmajor, der in seiner animalischen Schönheit beschrieben wird (Löwe, kraftstrotzend). Es kommt zu einem kleinen eifersüchtigen Schlagabtausch mit der Nachbarin Margret, wobei diese Marie ihre Begierde, mit der sie den Tambourmajor betrachtet, vorwirft. Hier wird die moralisch ambivalente Haltung der Marie dargestellt. Man kann schon in dieser Szene erkennen, dass sie eine stark triebfixierte und wenig verlässliche Frau ist. Auch wird das Kind als ein „arm Hurenkind" eingeführt, dem ein Lied gesungen wird, in welchem die gesellschaftliche Ausgegrenztheit Maries deutlich wird („Mädel, was fangst du jetzt an? Hast ein klein Kind und kein' Mann!").

Als Woyzeck die Szene betritt, erzählt er Marie von seinen Visionen, die bei ihr Verwirrung hervorrufen. Sie versteht seine psychologische Disposition als Anzeichen einer geistigen Umnachtung: „Er schnappt noch über mit den Gedanken." Man erkennt leicht, dass es zwischen Marie und Woyzeck neben kommunikativen auch emotionale Probleme gibt: Marie „schaudert" es. Auch wirft sie ihm vor, das Kind nicht „ angesehn" zu haben.

Woyzeck lädt Marie jedoch auf die „Mess" ein, auf den Jahrmarkt, und er behauptet stolz, dass er etwas gespart hat, an dem er Marie teilhaben lassen möchte.

4. Beim Doktor (S. 9–12)

Dem Doktor dient Woyzeck als Versuchskaninchen für medizinische Experimente. Für die drei Groschen, die er sozusagen als Aufwandsentschädigung erhält, muss er einer obskuren Erbsendiät folgen. Der Doktor möchte damit irgendwelche wissenschaftlichen Untersuchungen zum Erfolg führen und schmettert im Verlauf der Untersuchung mit aller Wucht eine Welle fachterminologischer Unsinnigkeiten auf den medizinisch ignoranten Woyzeck, so dass dieser zunächst kaum zu Worte kommt.

Die Phrasen, die der Doktor drischt, spiegeln jedoch in ihrer Hohlheit auch seine Weltsicht. Er hat keine menschliche Empathie zu bieten, er ist rein materiell eingestellt und beobachtet ohne Gnade den Menschen als Objekt im Rahmen seiner eigenen wissenschaftlichen Ziele.

Die Natur ist für den Doktor beherrschbar – die Tatsache, dass Woyzeck „an die Wand gepisst" hat, ärgert ihn und lässt ihn sinnieren, wie es um die menschliche Natur steht. Der Doktor vermischt hier munter geistige mit körperlicher Natur. Ist diese wie hier am Beispiel Woyzecks auf die Grundbedürfnisse des Menschen reduziert, so müsste seiner Ansicht nach der Mensch in der Lage sein, sie seinem Willen unterzuordnen. Dies mag ja für eine gewisse Zeit möglich sein – dann hilft aber auch der Wille nicht weiter. Aber das kümmert den guten Doktor nicht, beharrt er doch auf seinen abstrusen Theorien, mit denen er die Wissenschaft „in die Luft sprengen" will.

Woyzeck wendet sich mit einer Frage nach der doppelten Natur an den Doktor, wobei er schon wieder in den Bereich seiner Visionen vordringt, die für den Doktor die „schönste Aberratio" darstellen. Der Soldat versteht unter „doppelter Natur" die eigene Triebhaftigkeit sowie das, was seine Natur unterlegt, nämlich das Ungleichgewicht und die Stimmen, die ihn überfallen und die er nicht deuten kann. Letztendlich versucht hier Woyzeck dem Arzt gegenüber seine psychisch labile Befindlichkeit zu artikulieren – dieser nimmt jedoch keine Rücksicht auf dessen Gesamtzustand, wenn er ihm eben nicht hilfreich beisteht, sondern die Diagnose rein im eigenen Interesse auf die Erbsendiät reduziert und ihn als „interessanten Kasus" bezeichnet.

5. Buden. Lichter. Volk (S. 12–13)

Marie und Woyzeck befinden sich auf dem Jahrmarkt. Woyzeck geht mit Marie an einem Marktschreier vorbei, der die Welt in ihrer Verkleidung der Macht und in ihrer Schäbigkeit darzustellen weiß. Die Kuriositäten, die er anbietet, zeigen die menschliche Hybris, die im Angesicht der eigentlichen Kreatürlichkeit des Menschen nur für den Jahrmarkt taugt. Aus dem Affen wird ein Soldat, kennt er sich mit den gesellschaftlichen Formen aus, wird er Baron. Somit ist das Gesellschaftliche angezüchtet und verlogen und wird hier satirisch demaskiert.

Marie ist begeistert, während im Hintergrund schon der Tambourmajor lauert, der im Geiste bereits die schöne Marie dem Woyzeck weggenommen hat, taugt sie doch für ein aufregendes sexuelles Abenteuer. Er folgt mit seinem Unteroffizier den beiden in die Jahrmarktsbude.

6. Das Innere der hell erleuchteten Bude (S. 13–14)

Dort entfernt sich Marie während der Vorstellung von Woyzeck und setzt sich weiter nach vorne – in die Nähe des Tambourmajors.

Auf der Bühne wird das zählende Pferd gezeigt, welches das Andressierte der Erziehung und des gesamten gesellschaftlichen Habitus exemplarisch darstellt und beweist, dass in der Denkweise und der Doppelmoral der höheren Stände Menschlichkeit nicht zu entdecken ist. Wiederum wird hier Woyzecks Situation gespiegelt, indem die Verlogenheit seiner ganzen Existenz dargestellt wird. Die ausbeuterische Selbstsucht derjenigen, die das System bevorzugt und die ihn in Form des Hauptmanns und des Arztes unterdrücken, wird überzeichnet gegenwärtig.

7. Mariens Kammer (S. 14)

Hier begegnen sich Marie und der Tambourmajor ohne Woyzeck. Die Triebhaftigkeit dieser Verbindung wird offenkundig, wenn Marie den Mann in seiner ganzen Virilität beschreibt und die ästhetischen Vorzüge des Geliebten benennt. Sich selbst bezeichnet sie als „stolz vor allen Weibern" in säkularisierter Anlehnung an die Auserwähltheit der Mutter Christi. Der Mann entgegnet in gleicher Weise, dass Marie ein „wild Tier" sei – es kommt so zum eigentlichen Treuebruch gegenüber Woyzeck.

8. Der Hof des Doktors (S. 14–16)

Woyzeck ist in dieser Szene körperlich so geschwächt, dass er der Ohnmacht nahe ist („Ich hab's Zittern."; „Es wird mir dunkel."). Der Arzt schiebt diese vorübergehende Schwäche auf den nun sichtbaren Erfolg seines wissenschaftlichen Versuchs am Objekt und geht gar nicht auf das Leiden seines Patienten ein. Er hat mit seinen Studenten zu tun, die er immer wieder mit neuen Fragen konfrontiert, so z. B. der des Verhältnisses des Subjekts zum Objekt. Woyzeck wird von allen Beteiligten in dieser Situation regelrecht demontiert, er wird auf die Ebene der Bestie reduziert und soll sich so präsentieren, dass das Tier im Menschen gezeigt wird („Bestie, soll ich dir die Ohren bewegen?"). Weibliche Erziehung und Muttersprache werden verlacht – somit wird die ganze menschliche Sozialisation unmöglich gemacht. Woyzeck wird nun ganz seiner Würde beraubt, der Arzt zeigt ihm gegenüber nur noch kalten Zynismus. Gnadenlos wird Woyzeck in seiner gedemütigten Menschlichkeit vorgeführt – sein einziger Kommentar ist: „Ach, Herr Doktor!" Ein Auflehnen ist nicht mehr möglich, Woyzeck ist mit seiner Kraft am Ende.

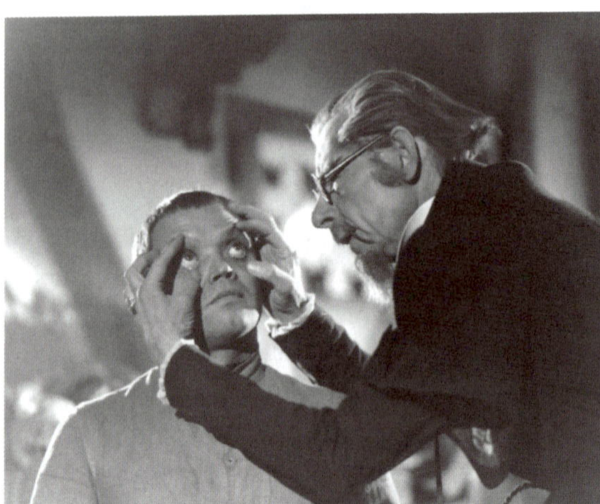

Die „Doktor"-Szene in der Verfilmung von Werner Herzog (BRD 1979) mit Klaus Kinski in der Hauptrolle.

9. Mariens Kammer (S. 16–17)

Marie befindet sich alleine in ihrer Kammer und führt einen scheinbaren Dialog mit ihrem Kind – aber es ist eher ein Selbstgespräch. Sie sieht sich als Frau, die „nur ein Eckchen in der Welt hat“, aber in ihrer Weiblichkeit „großen Madamen“ gleichgestellt ist. Sie freut sich über den Ohrschmuck, den ihr der Tambourmajor geschenkt hat.

Woyzeck betritt die Szene. Auch wenn er Schreckliches ahnt, zeigt er immer noch Verständnis („'s is gut, Marie.“), da er wohl einfach nicht wahrhaben will, dass ihn die geliebte Frau hintergangen hat. Seine Fürsorge dem Kind gegenüber wird in dieser Szene beinahe rührend gezeigt, indem Woyzeck sehr auf das Wohl des Kindes bedacht ist und Marie wieder Geld gibt. Daraufhin geht er, er bleibt keine Sekunde zu lange, weil er immer in Eile für die Lieben sorgen muss. Marie bleibt beschämt zurück. Sie hat ihre Schuld Woyzeck gegenüber erkannt, kann diese aber nicht mehr los werden – und will es womöglich auch nicht („Ich bin doch ein schlecht Mensch! Ich könnt mich erstechen. – Ach, was Welt! Geht doch alles zum Teufel, Mann und Weib!“).

10. Straße (S. 17–20)

Hier treffen sich zunächst der Hauptmann und der Doktor, wobei deren typisierte Haltungen noch einmal deutlich werden. Der Doktor stellt wieder seine wissenschaftlichen Theorien auf und der Hauptmann kämpft mit seiner Melancholie, die der Arzt sofort zu diagnostizieren weiß („aufgedunsen, fett, dicker Hals, [...]“) und als niederschmetternde Prognose formuliert („geistig gelähmt werden und nur fortvegetieren: das sind so ohngefähr Ihre Aussichten auf die nächsten vier Wochen!“). Er scheint der Herr über Leben und Tod zu sein und alles zu wissen.

Da betritt Woyzeck die Szene und setzt diesem makaberen Dialog, in welchem sich beide als „Sargnagel“ und „Exerzierzagel“ betiteln, ein Ende.

Der Hauptmann deutet Maries Verhältnis gegenüber dem Tambourmajor an, wobei Woyzeck zunächst nicht versteht, worum es dem Hauptmann geht („Was wollen Sie sagen, Herr Hauptmann?“). Woyzeck bittet ihn, keine Scherze zu machen, denn er sei ein „armer Teufel“ und habe sonst „nichts auf der Welt“. Aber als er merkt, dass an den Gerüchten etwas dran ist, zerbricht für ihn seine ganze Welt. Alles, was vorher Gültigkeit hatte, ist aufgehoben oder ins Gegenteil umgedreht: „Ja und Nein? Ist das Nein am Ja oder das Ja am Nein schuld?“

Die Reaktion des Doktors auf diese brutale Konfrontation Woyzecks mit Maries Untreue ist die des kalten Naturwissenschaftlers: „Phänomen! Woyzeck, Zulage!“

Woyzeck muss „nachdenken“ und verlässt die Szene, nicht ohne noch einen saftigen und abschätzigen Kommentar des Hauptmanns nachgeschickt zu bekommen.

11. Mariens Kammer (S. 20–22)

In dieser Szene macht Woyzeck Marie gegenüber Andeutungen, dass er um das Verhältnis weiß. Er wirft ihr vor, schön wie die Sünde zu sein. Immer heftiger skizziert Woyzeck hierbei Situationen, in denen Marie und der Tambourmajor präsent werden und die Untreue augenscheinlich wird. Dabei kommt es zu einer leidenschaftlichen Auseinandersetzung zwischen den beiden, die immer weiter eskaliert, bis Woyzeck in rasendem Zorn auf Marie losgeht. Marie wehrt ab und kommentiert, dass sie lieber ein Messer im Leib habe als seine Hand auf ihrer.

Marie jedoch gibt den Treuebruch nicht zu. Sie findet immer wieder eine scheinbar plausible Erklärung auf die Angriffe Woyzecks, wobei dieser um die menschlichen Abgründe weiß und ihre Lügen durchschaut.

An dieser Stelle zeigt sich somit der tiefe Riss, der die Verbindung der ehemaligen Liebenden durchzieht und das Geschehen in Richtung Katastrophe vorantreibt.

Woyzeck (BRD 1979, Regie: Werner Herzog). Eva Mattes, Klaus Kinski.

12. Die Wachstube (S. 22)

In der Wachstube fantasiert Woyzeck dem Kameraden seine Visionen vor, wie er Marie und ihren Galan tanzen sieht. Er will Tatsachen sehen, es hält ihn nichts mehr, er will die beiden vor Ort im Wirtshaus erwischen und die Affäre schwarz auf weiß bewiesen haben. Andres reagiert abgeklärt-vernünftig und warnt den Kameraden: „Narr! […] Du Unfried! Wegen dem Mensch?"

Andres sieht die Aufregung Woyzecks nicht ein, denn für ihn ist Marie eben nur eine von vielen, für die es sich nicht lohnt, sich so zu engagieren.

13. Wirtshaus (S. 23–24)

Woyzeck sieht nun das, was er sehen wollte: nämlich Marie und ihren Tambourmajor beim Tanz. Seine Reaktion ist bitter, indem er sich ausmalt, wie die beiden zusammen sind wie er ehemals mit Marie zusammen war. Die sexuellen Anspielungen, die er macht, zeigen die Begierde und Leidenschaftlichkeit, die aus der Tanzszene abzulesen sind („Warum bläst Gott nicht die Sonn aus, dass alles in Unzucht sich übereinander wälzt, Mann und Weib, Mensch und Vieh."). Ein Handwerksbursch hält begleitend im Wirtshaus eine satirisch verzerrte „Scheinpredigt", in welcher er feststellt, dass alles Irdische übel sei und selbst das Geld in Verwesung überginge. Nichts ist von Bestand, alles zerfällt, vom Menschen bleibt nichts übrig nach dem Tod. Hier zeichnet sich der Nihilismus Büchners ab, der im *Märchen der Großmutter* noch einmal anschaulich gemacht wird. Mit immer ekelhafteren Blasphemien mündet die Predigt schließlich in das Gejohle der Zuschauer, woraufhin Woyzeck davonrast.

Die „Wirtshaus"-Szene. Heinrich Schweiger in der Titelrolle, Residenztheater München 1965, Regie: Hans Lietzau.

14. Freies Feld (S. 24)
Woyzecks Stimmen befehlen ihm, die „Zickwolfin" tot zu stechen. Er ist so verzweifelt, dass er sich auf den Boden wirft und seinen Rachegefühlen Lauf lässt. Er hat niemanden, mit dem er reden kann, der ihm einen Rat gibt. Woyzecks ganze Einsamkeit und Verletztheit zeigen sich in dieser kurzen Einblendung.

15. Wirtshaus (S. 24–25)
Woyzeck fordert den Tambourmajor zum Zweikampf auf. Dieser demonstriert in rüdester Art und Weise seine Männlichkeit. Woyzeck unterliegt, er hat keine Chance, gegen den physisch übermächtigen Soldaten zu gewinnen, lässt aber trotz der Demütigung durchblicken, dass „eins nach dem andern" komme.

16. Ein Zimmer in der Kaserne (S. 25)
Auch hier offenbart sich Woyzeck Andres. Er erzählt ihm von den Stimmen, die ihn zum Mord aufhetzen. Aber wiederum nimmt Andres den Freund nicht ernst und tut die Gefahr ab, indem er ihn auffordert zu schlafen: „Schlaf, Narr!"

17. Kasernenhof (S. 25–26)
Woyzeck erfährt von Andres, dass der Tambourmajor mit Marie schwadronieren geht. Daraufhin spricht Woyzeck schwermütig in der Vergangenheit von der verlorenen Geliebten: „Aber, Andres, sie war doch ein einzig Mädel." Andres jedoch hört gar nicht richtig zu.

18. Mariens Kammer (S. 26–27)
Marie liest in der Bibel die Episode mit der Ehebrecherin. Auch sie kann ihr Leid, in das sie ihre Liebschaft nun auch seelisch gestürzt hat, niemandem mitteilen und auch sie weiß keinen Ausweg aus dieser vertrackten Situation. Der ebenfalls anwesende Narr erzählt Märchenanfänge für das Kind. So reden alle an-

einander vorbei, die scheinbaren Gespräche sind eigentlich Monologe. Abschließend beklagt Marie, dass Woyzeck sich schon einige Zeit nicht mehr habe blicken lassen. Sie macht sich Sorgen und versucht, Antworten in der Bibel zu finden. Vergeblich.

19. Trödlerladen (S. 27)

Woyzeck ersteht beim Juden ein Messer, das ihm, wie dieser glaubt, zum Selbstmord verhelfen soll. Aber Woyzeck hat es für Marie gekauft. Ratlos bleibt der geschäftstüchtige Jude zurück.

20. Kaserne (S. 27–28)

Woyzeck vermacht Andres seine gesamte kleine Habe. Diese bescheidenen Dinge bedeuten ihm viel und er teilt seine Erinnerungen mit. Dann verliest er seinen Einberufungsbescheid. So erfährt man die wichtigsten persönlichen Daten des Woyzeck: Friedrich Johann Franz Woyzeck, Wehrmann, Füsilier im 2. Regiment, 2. Bataillion, 4. Kompanie, geboren am 20. Juli – 30 Jahre, 7 Monate und 12 Tage alt. Andres kann nicht anders als Woyzeck zu einem Lazarettaufenthalt zu raten und ihm Mut zu machen, dass das vorzeitige Vererben des Hab und Guts ein Irrtum sei. Aber Woyzeck geht nicht darauf ein und ergeht sich in merkwürdigen Repliken, wenn er von Hobelspänen spricht, die womöglich bei der Errichtung eines Galgens fallen.

21. Straße (S. 28–29)

Marie sitzt mit Kindern auf der Straße, kann aber nicht in ihren fröhlichen Gesang einstimmen. Daraufhin erzählt die Großmutter ein Märchen, in welchem sie das Sterntalermärchen auf ganz neue Weise wiedergibt. Das Märchen hat einen ungeheuer traurigen Grundton: Alle Hoffnungen und Erwartungen des Kindes werden zunichte gemacht, weil nichts so ist wie es zu sein scheint. Es wird vollkommen desillusioniert, so dass es nur noch weinen kann und ganz alleine zurückbleibt.

Woyzeck, der das Märchen wohl überhört haben könnte, holt Marie ab und will mit ihr ein Stück gehen. Es sei Zeit, sagt er. Man ahnt hier, dass Maries letzte Stunde geschlagen hat, dass das ganze Märchen eine symbolische Verdichtung der traurigen Bestimmung dieser beiden Personen darstellt.

22. Waldsaum am Teich (S. 29–30)

Marie fühlt sich in der Gegenwart Woyzecks unwohl und verunsichert. Sie sprechen von ihrer bisherigen, zweijährigen Beziehung und auf die Frage Woyzecks, wie lange diese wohl noch halten könne, bleibt Marie die Antwort schuldig. Sie erwartet wohl eine Möglichkeit der Aussprache, Woyzeck jedoch ist in blinde Eifersucht verstrickt und klagt sie an. Die Metaphorik des blutroten Mondes und des Eisens spiegelt den Mord, der sich dann ganz schnell abspielt, indem Woyzeck in unbändiger Wut auf Marie einsticht und sie mit zahlreichen Messerstichen tötet.

23. Mariens Kammer (S. 30)

Nach der Tat begibt sich Woyzeck zurück in Maries Wohnung, wo er den Sohn und den Narren vorfindet. Beide, Narr und Kind, bemerken, dass etwas nicht stimmt. Woyzeck ist nass bis auf die Haut, das Kind vermeidet die Berührung mit dem Vater, weil es wohl etwas von der Verzweiflung spürt, die diesem anhaftet. Der Narr flieht daraufhin mit dem Kind vor dem verstörten Vater.

24. Wirtshaus (S. 30–31)

Während eines verzweifelten Tanzes bemerken die Gäste Blut an Woyzecks Hand. Vielleicht war er im Wirtshaus, um der toten Marie zu beweisen, dass er ohne sie weiterleben kann, vielleicht, um sich für die Tatzeit ein Alibi zu verschaffen – seine Gespräche wirken angestrengt fröhlich und schon die erste Entdeckung des Blutes bringt ihn aus der Fassung. Er schreit die verstörten Gäste an und flieht.

25. Waldweg am Teich (S. 32)

Woyzeck ist an den Tatort zurückgelaufen, um das liegengelassene Messer im See zu versenken. Er wägt ab, ob und wie die Tatwaffe gefunden werden könnte.

Personen hören, dass jemand ins Wasser gegangen ist, sie vermuten einen Selbstmord und glauben zu hören, wie jemand in den Fluten versinkt. Die Naturschilderung und die unheimliche Atmosphäre am Tatort spiegeln die Ahnung des Todes.

26. Straße (S. 33)

Es hat sich herumgesprochen, dass Marie die Getötete ist. Die Neugierigen und Gaffer verbreiten die schrecklichen Neuigkeiten wie ein Lauffeuer.

27. Waldweg am Teich (S. 33)

Für die jetzt eintreffenden Vertreter der Justiz und der Untersuchungskommission ist der Mord „gut, echt, schön". Sie können den Verdächtigen vorverurteilen und glauben alle an die offensichtliche und eindeutige Klarheit der Beweislage.

Woyzeck. Titelrolle Rudolf Kowalski; Inszenierung Valentin Jeker; Schauspiel Bonn 1992.

Textanalyse und Interpretation

1 Fragmentproblematik und Aufbau

Da der *Woyzeck* in **vier Fragmenten** vorliegt und keine letztgültige, von Georg Büchner autorisierte Fassung vorhanden ist (vgl. *Interpretationshilfe,* S. 8), gibt es verschiedene Möglichkeiten der **Anordnung der einzelnen Szenen** und somit auch verschiedene Interpretationsansätze.[3] Schließlich macht es schon einen Unterschied, das Stück mit dem Mord beginnen (analytisches Drama) oder mit der Katastrophe enden (finales Drama) zu lassen. Es ist in diesem Rahmen schlicht nicht möglich, all die verschiedenen Lesarten und Arrangements zu interpretieren, denn hier würden immer wieder Verschiebungen in der Akzentuierung der einzelnen Szenen vorgenommen werden müssen.

Abgesehen von der „**inneren Logik**" der Handlung, die schließlich in Woyzecks Verbrechen mündet, ist aber möglich, das Stück als ein dramatisches Experiment zu deuten, in welchem die Figur des Woyzeck in quasi **konzentrischen Kreisen** immer wieder gespiegelt wird und so die vielfältigen Einflüsse, die ihn prägen, schlaglichtartig zu Tage treten. Insofern wäre hier eine Inkohärenz der Handlung sogar willkommen, da die Einzelteile für sich sprächen. Woyzeck steht dann in der Mitte und alles das, was ihn zu dem macht, was er letztendlich ist, kreist um ihn herum und beeinflusst ihn so nachhaltig, dass der Mord an Marie in diesem **Kaleidoskop** nicht unbedingt an konsequent letzter Stelle angesetzt werden muss. Wie auch immer die Szenenfolge sei: An der Gesamtstruktur ändert sich wenig. Jede Szene steht dann gewissermaßen im selben Bezug zu Woyzeck. Er wird immer wieder beleuchtet, sein Verhalten wird verstehbar gemacht, erklärt, seine Situation, seine Bindungen und Zwänge werden gezeigt. Und da ist es gleichgültig, ob zuerst seine Abhängigkeit vom Hauptmann oder sein Verhältnis zum Doktor gezeigt wird.

Woyzeck im Spiegel der Einzelszenen

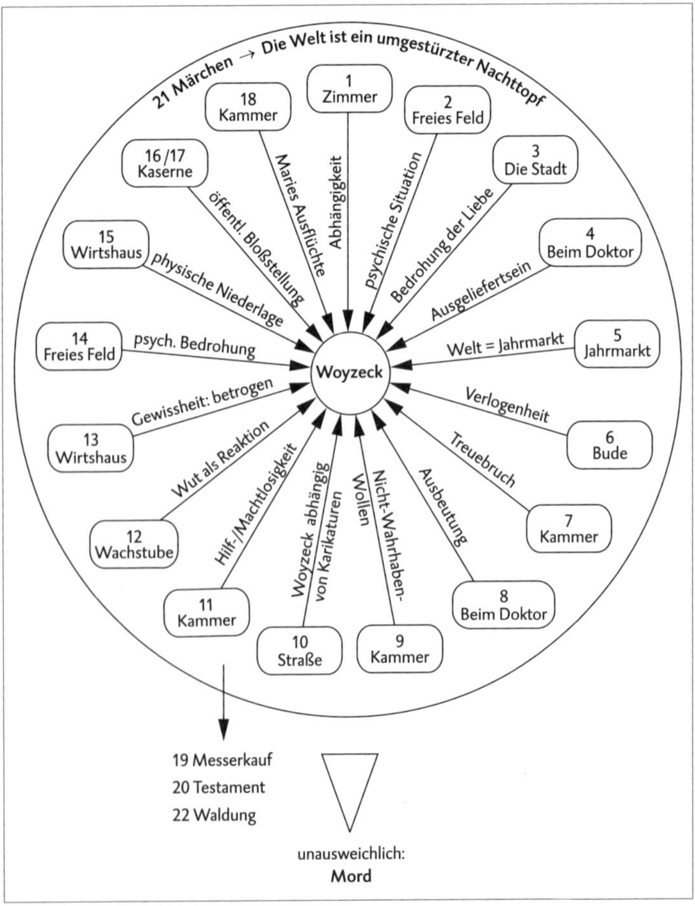

Die Skizze reduziert die zentralen Szenen auf die oben erläuterte Funktion: Es soll verdeutlicht werden, wie Woyzeck – von der Gesamtstruktur des Dramas her – in seinen Bindungen/Abhängigkeiten gezeigt und in seiner Ausweglosigkeit dargestellt wird.

2 Woyzeck und die ihn umgebenden Figuren

Woyzeck – Hauptmann

Würde es ihm nicht mitgeteilt, der Zuschauer/Leser käme wohl schwerlich darauf, dass es sich bei der Figur des Hauptmanns tatsächlich um einen Offizier handelt. In der Szene „Zimmer" (S. 5 ff.) lässt er alles vermissen, was man von einem hohen Militär eigentlich erwartet. Zögerlich, ängstlich, triefend vor Selbstmitleid und selbstgerecht hantiert er mit Worthülsen, die wohl einmal wichtige Inhalte hatten, die aber aus seinem Mund unglaubwürdig klingen. Er ist immer bereit, seinen Gefühlen freien Lauf zu lassen oder Gefühle vorzutäuschen. Gleichzeitig aber besteht er auf seinem Rang, der ihm in jeder Situation gegenüber dem einfachen Soldaten Woyzeck recht gibt. Er kann es sich leisten, Tugend und Moral einzufordern und gut gemeinte Ratschläge zu geben, wie das am Ende der Szene geschieht.

Woyzeck ist der bescheidene Untergebene, der seinem selbstzufriedenen Vorgesetzten dienstbeflissen gehorcht und ihm – so weit ihm das möglich ist – Rede und Antwort steht. Dabei reicht es zunächst nur zu einem „Jawohl, Herr Hauptmann". Erst als sein Kind zur Sprache kommt, gibt Woyzeck mehr von seiner Haltung und Lebenseinstellung zu erkennen. Jetzt wird deutlich, dass er sich aufgrund seiner sozialen Situation ein gutes Gewissen einfach nicht leisten kann. Er geht auf das dummdreiste Spiel des Hauptmanns ein und lässt sich als dumm vorführen. Den Vorwurf, er habe keine Moral, kontert er allerdings mit einem Bibelwort. Mit dieser Antwort freilich kann der Hauptmann überhaupt nichts anfangen. Er ist verwirrt und das zeigt um so deutlicher, dass er eben nur mit Worthülsen jongliert, während Woyzeck, so schwer es ihm auch fällt, seine Situation zu artikulieren, doch auch immer wieder Wahrheiten ausspricht. Er sieht, dass „arme Leut" wie er mit der Tugend ihre Probleme haben. Ihm kommt „nur so die Natur". Gewiss, so vermutet Woyzeck,

„es muss was Schönes sein um die Tugend“, er weiß jedoch auch: „Ich bin ein armer Kerl.“ (S. 6) Da bleibt ihm keine Zeit für die Tugend. Es klingt schon fast wie Hohn, wenn der Hauptmann dem Woyzeck zwar bestätigt, er sei ein guter Mensch, aber er denke zu viel. Mit der Schlussbemerkung, der Diskurs habe ihn angegriffen, krönt der Hauptmann die Karikatur seiner selbst.

Die Szene macht deutlich: Woyzeck ist in einer fatalen sozialen Situation. Er ist als Soldat Untergebener des Hauptmanns und muss auch noch außerhalb des Dienstes dem Hauptmann zu Diensten sein. Er sieht sich den Vorwürfen des Vorgesetzten ausgesetzt und konfrontiert mit dessen Forderungen nach Tugend und Moral, weiß aber, dass er nicht in der Lage ist, diesen Forderungen gerecht zu werden. Woyzeck lässt erkennen, dass er zwar versucht zu denken, jedoch vieles „noch nit so aus“ hat. Obwohl er um seine Lage weiß, rebelliert er nicht. Er akzeptiert sie und versucht sich zu arrangieren. Er ist Vater eines unehelichen Kindes und versucht, seinen Vaterpflichten nachzukommen. Tugend und Moral, die das Bürgertum – und da kann man den Hauptmann als einen Vertreter des Bürgertums sehen – fordert, stellt er keineswegs in Frage, im Gegenteil. Sie könnten sehr wohl etwas Schönes sein. Allerdings: Seine soziale Lage lässt ihm keinen Raum, diesen Vorstellungen zu entsprechen.

Woyzeck – Doktor

Wie der Hauptmann nicht der Vorstellung eines Offiziers entspricht, so entspricht der Doktor nicht der eines im wörtlichen Sinne Human-Mediziners. Im Dienste der Wissenschaft verobjektiviert „Sargnagel“, wie ihn der Hauptmann nennt, die Patienten und sieht in ihnen nur willkommene Versuchskaninchen für seine obskuren Versuche. Für eine geringe Entschädigung stellt sich Woyzeck dem Doktor für diese „wissenschaftlichen Untersuchungen“ zur Verfügung, um Marie und dem Kind neben dem kargen Lohn noch ein kleines finanzielles Polster schaffen zu können. Er muss sich einer Erbsendiät unterziehen, die eine Mangelernährung zur Folge hat. So kann er für die Medizinstudenten des Doktors sichtbare Zeichen des Verfalls erbringen. Außerdem hört der Patient Stimmen, die der Arzt als die „schönste Aberratio" (S. 11) erkennt. Der Doktor mag die eigentlichen psychologischen und sozialen Gründe für Woyzecks sich immer weiter zuspitzende Situation gar nicht näher untersuchen, da er am Menschen Woyzeck überhaupt nicht interessiert ist.

Dieser ist nur gut für die Studie und als der Doktor ihn gar mit einer „Bestie" (S. 15) vergleicht, zeigt sich, dass Woyzeck wie ein Tier gesehen und seiner menschlichen Würde beraubt wird. Selbst als er einen Schwächeanfall erlebt („Herr Doktor, es wird mir dunkel", S. 15), erfährt Woyzeck kein Mitleid, keine Hilfe. Im Gegenteil, er soll doch noch einmal die „Ohren bewegen", da Woyzeck es so machen soll „wie die Katze"; es fehlt ihm folgerichtig wie dieser der „wissenschaftliche Instinkt" (vgl. S. 15 f.). Die Tiermetaphorik setzt sich fort: Woyzeck hat „an die Wand gepisst wie eine Hund", da ihm die „Natur" gekommen sei (S. 9).

Der Arzt als wortgewaltiger Repräsentant des akademisch gebildeten Bürgertums redet Woyzeck mit Fachtermini und kühnen wissenschaftlichen Hypothesen in Grund und Boden. Für ihn steht fest, dass der Mensch frei sei und über die Natur siegen könne. Hier wird der Freiheitsbegriff der Aufklärung satirisch ad absurdum geführt. Dagegen kann der kleine Füsilier nicht an. Er kann dem Arzt nur Hinweise geben, wie es um ihn steht: „Wenn die Natur aus ist, das ist, wenn die Natur aus ist." (S. 11)

Woyzeck beschreibt ein apokalyptisches Szenario, das der Doktor mit einer Zulage belohnen will, da es sich um eine „fixe Idee mit allgemein vernünftigem Zustand" handelt (S. 11). Ihn interessiert es gar nicht, welche Richtung Woyzecks Psyche hier eingeschlagen hat und was hinter seiner zwar bilderreichen, aber auch sehr nebulösen Andeutung steht. Von oben herab kommentiert er: „Woyzeck, Er philosophiert wieder." (S. 10) Dem

Arzt ist sein eigener Puls von 60 wichtiger, er steht selbstzufrieden inmitten seiner scheinbar dank der Wissenschaft transparenten Welt; Woyzeck ist und bleibt ein „interessanter Kasus" (S. 11). Es geht dem Doktor allein um „meine Theorie, meine neue Theorie …" (S. 12).

Als in der Straßenszene der Hauptmann Woyzeck auf Maries Verhältnis mit dem Tambourmajor anspricht und der betrogene Woyzeck daraufhin die Fassung verliert, beobachtet der anwesende Arzt rein analytisch die Veränderungen in Haltung und Gehabe des armen Gefreiten: „Gesichtsmuskeln starr, gespannt, zuweilen hüpfend." (S. 19) An zwischenmenschliche Empathie ist nicht zu denken. Weder der Hauptmann noch der Doktor zeigen sich auch nur annähernd in der Lage zu erfassen, dass mit dieser Neuigkeit Woyzecks ganzes Glück zerstört ist. Sie sehen nur das, was sie für ihre subjektiven Zwecke sehen wollen, und waschen wohl beide auch ganz am Schluss, als Woyzeck Marie ermordet hat, ihre Hände in Unschuld.

Woyzeck – Marie

Marie ist Woyzecks „einzig Mädel" (S. 26). Mit ihr hat er einen Sohn, Christian, und dank dieser kleinen Familie ist Woyzecks Leben lebenswert. Er tut alles, um es Marie und dem Kind an nichts fehlen zu lassen: Er gibt ihr seinen Sold und die paar Groschen, die er als Versuchsobjekt nebenher einstreichen kann.

Marie ist ein bildschönes junges Mädchen, das zunehmend Probleme hat, mit Woyzeck zurechtzukommen. Sie erlebt ihn verstört, er ist ihr zu „vergeistert", es „schaudert ihr" (S. 9) vor Woyzeck und seinen Reden, seinen Visionen und Stimmen. Da kommt der Tambourmajor gerade recht, steht er doch da „wie ein Baum", „wie ein Löw" (S. 8). Marie ist empfänglich für Flirts und Annäherungsversuche und man kann sich des Eindrucks nicht erwehren, dass sie an Woyzeck mehr die Zweckgemeinschaft gebunden hält als die Leidenschaft.

So hintergeht Marie den Mann, der ihr zwar nicht angetraut, doch unbedingt ergeben ist, mit dem flotten, wenn auch prahlerischen und arroganten Tambourmajor, der für Marie sexuell überaus attraktiv und jede Sünde wert ist. Dass er dabei noch mit netten Geschenken Eindruck zu machen in der Lage ist (Ohrringe), verzaubert Marie um so mehr – der Tambourmajor scheint sie zeitweilig aus der Tristesse ihres Daseins als unverheiratete Mutter zu befreien und ihr das Gefühl zu geben, als Frau begehrt zu sein. Woyzeck möchte sie jedoch (als Geldgeber) nicht verlieren; deshalb versucht Marie zunächst, das Verhältnis mit dem schneidigen Offizier zu verheimlichen. Bewusst stellt sie sich dumm, sogar nachdem Woyzeck sie überführt hat (S. 20 f.).

Trotzdem ist Marie ein Mädel, das sich nicht wohl fühlt in seiner Haut und das „Doppelleben“ zwischen Woyzeck und dem Tambourmajor letztlich nicht ungetrübt ausleben kann. Marie liest in der Bibel, sie entdeckt die neutestamentarische Erzählung von der Ehebrecherin und sieht sich in ihr gespiegelt. Trotz der aufkeimenden Schuld und ihres schlechten Gewissens lässt sie die Beziehungen so weiterlaufen wie sie sind (S. 26 f.).

Für Woyzeck wird Marie die Verkörperung der Todsünde. Aber er kann seinen Schmerz und seine Enttäuschung nur sehr ungehobelt und linkisch artikulieren, indem er biblische Anspielungen macht. Marie wird zusehends in die Enge getrieben, bis es sogar zu tätlichen Auseinandersetzungen zwischen beiden kommt (S. 20 f.). Von da bis zu ihrer Ermordung am See ist es dann nur noch ein kleiner Schritt.

Das Verhältnis zwischen Marie und Woyzeck zeigt sich mehr und mehr als eines der eskalierenden Gewaltbereitschaft. Marie will ihre Position vor sich selbst rechtfertigen: sie glaubt, mehr vom Leben erwarten zu dürfen, während Woyzeck zunehmend sprachloser seine eifersüchtige Wut in den tödlichen Messerstich münden lässt.

Woyzeck – Andres

Woyzecks Freund Andres tritt in mehreren Szenen auf. In der ersten Szene, in der Andres auftaucht, schneiden er und Woyzeck Stecken für die Offiziere (S. 7). Andres hört dem Kameraden zu, wie dieser seine Visionen hat und Stimmen ausmacht. Andres fürchtet sich, weiß die ihm unheimlichen Verhaltensweisen nicht recht einzuordnen. Er behält aber die Übersicht, indem er Woyzeck zur Rückkehr in die Kaserne bewegt und so die Situation zunächst entschärft.

Andres singt und pfeift gerne, er scheint das Leben nicht allzu schwer zu nehmen. Für ein Mädchen würde er sich längst nicht so ins Zeug legen wie Woyzeck und er reagiert eher gelassen auf die Gerüchte um Maries Beziehung mit dem Tambourmajor. Wenn er Woyzeck des Öfteren als „Narr" bezeichnet (S. 22, 25), zeigt sich die ihm eigene, eher realistische und weltzugewandte Art, die Dinge so zu nehmen wie sie eben sind. Er ist auch nicht in der Lage, Woyzeck in irgendeiner Weise zurückzuhalten und ihm die Unsinnigkeit seiner eifersüchtigen Wut vor Augen zu führen. Andres steht diesen Ausbrüchen seines Freundes eher machtlos gegenüber; er will und kann vielleicht auch nicht eingreifen, weil sein fehlender Weitblick die Katastrophe nicht absehen kann. Als Woyzeck ihm sein kleines Vermächtnis zukommen lässt und so seinen Nachlass regelt, hinterfragt Andres nicht einmal das Tun des Freundes (S. 27 f.).

Andres zeigt immerhin ein wenig Normalität im Repertoire der überzeichneten Charaktere innerhalb des Dramas. Er ist der Einzige, der die tiefsten Ängste seines Kameraden ahnt – trotzdem muss er der Destruktion des Woyzeck tatenlos zusehen. Er hört sehr genau, dass Woyzeck von Marie schon in der Vergangenheitsform spricht (S. 26), aber er hat nicht die Sensibilität zu spüren, dass die Katastrophe unmittelbar bevorsteht. Woyzeck selbst fühlt sich von Andres zwar nicht verstanden, kann ihm gegenüber aber offen reden, weil Andres ihn nicht verachtet.

Woyzeck – Tambourmajor

Für Woyzeck ist dieser kraftstrotzende ganze Kerl ein rotes Tuch. Im Wirtshaus (S. 24) prügeln sich beide, wobei der Tambourmajor Woyzeck auf das Übelste beschimpft und ihm beweisen will, dass er ein „Mann“ sei. Dies gelingt auch und Woyzeck zieht sich blutend aus dem Gefecht, mit der Bemerkung allerdings, dass „eins nach dem andern“ (S. 24) komme – eine Vorausdeutung im Sinne von „ Wer zuletzt lacht, lacht am besten“.

Dieser animalische, sexuell attraktive, militärische Kleiderschrank schleicht sich als Alptraum in die Fantasien des Woyzeck ein. Er sieht vor seinem geistigen Auge Marie und den Major in liebender Umarmung, er sieht sich verstoßen aus dem Herzen und dem Leben der Geliebten und findet schmerzerfüllt den Rivalen an seiner Stelle vor. Woyzeck verletzt mit Maries Tod sich selbst am meisten, er nimmt sich letztlich sein Liebstes, aber er fügt auch dem Tambourmajor Schmerz zu, da dieser nicht in der Lage war, die Katastrophe abzuwenden und zu erkennen, wie sehr er Woyzeck verletzt hat und wozu er ihn treiben kann.

Der Tambourmajor wird folglich eher wie ein Zuchthengst beschrieben, dem es nicht gegeben ist, die eigentlich dynamitgeladene Dreieckskonstellation gedanklich zu durchdringen. Er hat all das, was der verletzliche Woyzeck eben nicht hat, nämlich körperliche Attraktivität, Redegewandtheit, Frechheit, Arroganz – und damit gewinnt er Marie.

Der Offizier will jedoch nur das, was er mit „eine Zucht kleiner Tambourmajors anlegen“ (S. 13) umschreibt. Mehr Tiefgang ist bei ihm nicht zu erwarten. Er ist in Bezug auf Woyzecks Kreatürlichkeit und Hilflosigkeit im Grunde kein ernst zu nehmender Gegner, er ist vielmehr reduziert auf seine recht vordergründige, vergängliche männliche Attraktivität. Irgendwann hätte Marie erkannt, dass Woyzeck doch der Verlässlichere und Treuere ist. Nur gelingt es eben keiner der Figuren, über das „Ist“ hinauszukommen und die sich abzeichnende Katastrophe abzuwenden.

Woyzeck und die „Nebenfiguren"

Die übrigen Figuren im Drama erhellen Woyzecks Situation und spiegeln seine Befindlichkeit. Auch zeigen sie weltanschaulich die Position Büchners, die dieser überzeichnet und z. T. grotesk anmutend in sein Stück „hineinmontiert", um aus einer übergeordneten Position heraus die Problematik des Stückes abzuklären. Deshalb sind diese Figuren typisiert und namenlos.

Die **Großmutter** (Maries? Woyzecks?) erzählt das Sterntalermärchen in abgewandelter Form. Sie spiegelt die Ausweglosigkeit des „Kindes" (Woyzeck), dessen hoffnungsvolle Erwartungen immer wieder enttäuscht werden. Alles wird in sein Gegenteil verdreht, nichts ist so, wie es sein sollte. Sterne sind aufgespießte Insekten und die Welt ist ein Pisspott. Die Trauer und die Hoffnungslosigkeit, die dieser kurze Text vermittelt, weisen auf das Schicksal des Woyzeck voraus und machen deutlich, dass es außer dem Tod und der daran geknüpften Gewissheit nichts Greifbares und Sinnstiftendes gibt, weil alles außer dem Tod in sein Gegenteil verkehrt werden kann. Kein Glaube, keine Hoffnung, keine Liebe bleiben für den Menschen übrig, den Woyzeck ja in gewisser Weise stellvertretend darstellt. Es gibt keinen Kinderwunderglauben mehr, keine Aussicht auf Erlösung. Es gibt nur den Tod und die damit einhergehende Desillusionierung.

Die **Budenbesitzer und Animateure** auf dem Jahrmarkt zeigen die Welt als Zirkus, in dem die Show alles ist und die Gefühle, Werte, intellektuellen Bestrebungen nichts sind. Das Pferd, das zählen kann, zeigt, dass Wissen antrainiert und relativ ist, dass sich der Mensch, der sich als Krone der Schöpfung versteht, nicht weit von seinem animalischen Urgrund entfernt hat und seine intellektuelle Schläue recht oberflächlich ist. In diesem Zirkus verliert Woyzeck die geliebte Frau an den Tambourmajor. Hier wird die Natur des Menschen mit der des Tieres auf eine Stufe gestellt – mit dem kleinen Unterschied, dass der Mensch (irrigerweise!) glaubt, besser zu sein.

Der **Narr Karl** tritt gemeinsam mit Woyzecks Sohn Christian und mit Marie auf, er flieht auch mit dem Kind nach der Tötung Maries. Kinder und Narren sagen bekanntlich die Wahrheit, und so ist Christian bei dem am sichersten aufgehoben, der im Geiste kindlich geblieben ist und den Eifersucht und Raserei unberührt lassen. Der Narr hat außerdem Ahnungen und erkennt Wahrheiten, von denen die anderen noch nichts wissen können. So riecht er unmittelbar nach dem Mord an Woyzeck „Menschenfleisch“ und er ruft aus: „Der is ins Wasser gefallen!“ (S. 30 f.)

Der **Jude** letztlich, bei dem Woyzeck das Messer ersteht, wünscht diesem einen „ökonomischen Tod“ (S. 27), denn er sieht sehr wohl die psychische Belastung seines Kunden, bei dem er die Vorbereitung des Freitodes vermutet. Der Jude macht allen Vorurteilen gerecht werdend sein Geschäft – da Woyzeck jedoch nicht handelt, hat der Verkäufer keine rechte Freude an dem Deal. Hier erkennt der Zuschauer, dass Woyzeck bewusst, vorbereitend und keineswegs im Affekt die Tötung Maries plant.

Figurenkonstellation

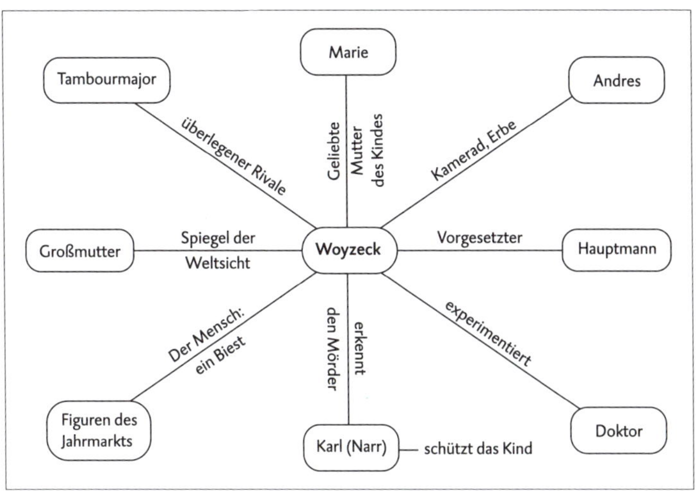

3 Dramatisches Konzept und sprachliche Gestaltung

Dramatisches Konzept

Büchners *Woyzeck* ist als Gegenkonzept zum klassischen Drama und dem ihm zugeordneten Aufbauschema der fünf Akte sowie der Einheit von Ort, Zeit und Handlung zu sehen.

Im Gegensatz zum linearen Aufbau und zur konsequenten Handlungsführung des klassischen Dramas bedient sich Georg Büchner im *Woyzeck* der **„Fetzentechnik“**, des lockeren Arrangements vieler Einzelszenen, die schon fast an moderne filmische Verfahrensweisen erinnert (vgl. *Interpretationshilfe,* S. 25 f.). Kurzszene reiht sich an Kurzszene, der Schauplatz wechselt ständig von Mariens Kammer zum Jahrmarkt, vom freien Feld zu Woyzecks Kaserne usw. Es gibt keine klärenden Informationen in Form der Mauerschau (Teichoskopie) oder des Rückblicks, kein Botenbericht, kein Monolog schafft Verbindungen. Das Geschehen entfaltet sich spontan in jeder Szene für sich und unzusammenhängend; der Zuschauer wird anders als im traditionellen Theater gefordert, die die Handlung strukturierenden Verbindungen selbst zu erkennen und den roten Faden auszumachen.

Bindeglied, Verknüpfungspunkt ist höchstens Woyzeck. Aber mit ihm steht **kein „Held“ im klassischen Sinne** mehr auf der Bühne, der für den Zuschauer in irgendeiner Art bewundernswert erscheint. Woyzeck ist der Inbegriff der geknechteten Kreatur, mit dem wahrlich kaum Identifikation möglich ist. Seine Situation wird dem Zuschauer immer wieder eindringlich vor Augen geführt – seine Situation und die, die dafür (zumindest: mit-)verantwortlich sind. Was bleibt, ist Mitleid – und Wut, Wut auf die sozial Höhergestellten, hier exemplarisch der Doktor oder der Hauptmann, die Woyzeck nicht nur physisch und psychisch, sondern auch sprachlich fertig machen, Wut auf die Geliebte, die ihn einfach stehen lässt, Wut auf die Welt, in der das alles so möglich, vielleicht sogar unausweichlich ist.

Gegenüberstellung: „Woyzeck" und das klassische Drama

„Woyzeck"	Klassisches Drama
• verschiedene Orte • verschiedene Zeiten	• Einheit von Ort und Zeit
• einzelne Handlungsteile/-fragmente • fehlende Handlungsverknüpfungen	• zusammenhängende Handlung • Verknüpfung der Handlungsschritte
• Mensch in einzelnen, fragmentarischen Situationen • Mensch als ohnmächtiges Opfer der Umstände	• Mensch in einer „notwendigen", linearen Entwicklung • Mensch als Handelnder (und Verantwortlicher)
• typische Konstellationen	• Spieler und Gegenspieler
• punktuelle Erhellung	• „zielstrebige" Handlungsentwicklung
• mehrere Perspektiven	• einheitliche Sicht
• Zuschauer muss Verbindungen und Zusammenhänge herstellen/rekonstruieren	• Zuschauer wird durch die Handlung geführt (fehlende Teile werden durch Bericht und Mauerschau ergänzt)
• Zuschauer erkennt Motive und (Hinter-)Gründe	• Zuschauer nimmt (in Monologen …) Motive zur Kenntnis
• Zuschauer muss sich mit Figuren auseinander setzen	• Zuschauer kann sich mit Figuren identifizieren

Einzeluntersuchungen zur Sprache

Nimmt man einmal die erste Szene (Zimmer), erkennt man eine zunächst asymmetrische Kommunikationssituation, in welcher der **Hauptmann** als Ranghöherer und Vorgesetzter dem Barbier Woyzeck seine Ansichten aufschwatzt, die der Untergebene mit einem braven „Jawohl, Herr Hauptmann" (S. 5) beantwortet. Der Hauptmann redet an Woyzeck vorbei, er braucht eigentlich keinen Dialogpartner, sondern einen, dem er, ohne Konsequenzen befürchten zu müssen, alles, was ihm durch den Kopf spukt, erzählen kann. Der Hauptmann bedient sich zahlreicher Worthülsen und Floskeln („Ein guter Mensch tut das nicht, ein guter

Mensch, der sein gutes Gewissen hat.", S. 5), die die bürgerlichen Werte und Tugendvorstellungen für Woyzeck schön verpacken, mit denen dieser aber recht wenig anzufangen weiß, weil ihm die Armut anderes diktiert:

> *Wir arme Leut – Sehn Sie, Herr Hauptmann: Geld, Geld! Wer kein Geld hat – Da setz einmal eines seinesgleichen auf die Moral in der Welt.* (S. 6)

Die sprachlichen Möglichkeiten des Woyzeck sind – das zeigt sich hier – begrenzt, benutzt er doch Wiederholungen und Ellipsen, da er eben „nicht weiter weiß". Woyzeck tut sich schwer, seine Gedanken angemessen zu transportieren und in Worte zu kleiden – ihm fehlen die sprachliche Kompetenz und die Eloquenz, die den Hauptmann wortgewaltig, aber inhaltlich hohl erscheinen lassen. Die Autorität in Form des Vertreters des Militärs wird somit ausgehöhlt und der Lächerlichkeit preisgegeben, Woyzeck hingegen in seinem Ringen um die Formulierung seiner Gedanken und Nöte trotz seiner sprachlich inadäquaten Mittel um so klarer (und auch: positiver!) dargestellt.

Der **Doktor** agiert sprachlich ähnlich wie der Hauptmann in einer für Woyzeck überheblichen und zugleich einschüchternden Weise. Die Redeanteile zu Beginn der Szene „Beim Doktor" zeigen wiederum eine asymmetrische Gesprächssituation.

Der Arzt versucht zunächst, Woyzeck von der Überlegenheit des menschlichen Willens über die Natur zu überzeugen. Er spricht zwar während seiner Ausführungen immer wieder sein Gegenüber an, indem er Fragen an Woyzeck richtet und somit den Eindruck eines scheinbaren Dialogs vermittelt. Aber er unterstreicht auch die Richtigkeit seiner Aussagen immer wieder mit appellierenden Ausrufezeichen („Woyzeck, muss Er nicht wieder pissen? Geh' Er einmal hinein und probier' Er's!", S. 10), die zeigen, dass er der einseitige und mächtige Kommunikator ist, der die Kommunikation wie den Kommunikationspartner dominiert. Es ist auffällig, dass sich der Doktor mit diesem Ausruf- und Frageverhalten die Antworten immer wieder selber gibt. Im eigentlichen Sinne braucht er gar kein Gegenüber, wenn er seine akademische Überlegenheit mit zahlreichen Fremd- und Fachwörtern zum Ausdruck bringt (vgl. S. 10).

Woyzeck ist diesem unzusammenhängenden Kauderwelsch hilflos ausgeliefert. Der Doktor setzt die Sprache als Machtmittel und Herrschaftsinstrument ein, um dem kleinen, ungebildeten Woyzeck seine Grenzen aufzuzeigen oder auch seinen Studenten zu demonstrieren, wo die Latte hängt („Meine Herren, ich bin auf dem Dach wie David, als er die Bathseba sah [...] He, Woyzeck, Woyzeck!", S. 14 f.). Biblische Motive, fremdsprachliches Begriffe („Culs de Paris") und philosophische Betrachtungen (Verhältnis Subjekt–Objekt) werden hier additiv aneinander gereiht und bleiben für den Zuschauer inhaltlich zu hinterfragen. In ihrem Gesamtarrangement und in den großen Redeanteilen des Doktors beeindrucken sie Woyzeck aber nachhaltig.

Zusammenfassend lässt sich sagen, dass Woyzeck durch das arrogante Gehabe und die Wucht der Versatzstücke, die sowohl der Hauptmann als auch der Doktor in beeindruckender Weise zusammenzumontieren in der Lage sind, keine Chance bekommt, sich gegen diese ihn auf sprachlicher und damit auch auf sozial-gesellschaftlicher Ebene dominierenden und dann auch ausbeutenden Macht zu wehren oder auch nur im Ansatz als Person ernst genommen zu werden.

Wenn ihm der Doktor beispielsweise entgegnet, dass er schon wieder „philosophiere" (vgl. S. 10), meint er das nicht ernst, denn für ihn hat der kleine Soldat die „schönste Aberratio mentalis partialis" (S. 11), was Woyzeck nun als Laie gar nicht versteht. In der Universitätsszene vor den Studenten vollends wird Woyzeck gar zur „Bestie" (S. 15). Hier ändert sich der sonst so betuliche und anklagende Ton des Doktors, fast marktschreierisch preist er sein Geschöpf an:

Meine Herren, das Tier hat keinen wissenschaftlichen Instinkt ... Sie können dafür was anders sehen. Sehen Sie: der Mensch, seit einem Vierteljahr isst er nichts als Erbsen; bemerken Sie die Wirkung, fühlen Sie einmal: was ein ungleicher Puls! (S. 15)

An die Studenten und deren Sinne direkt appellierend und um deren Aufmerksamkeit bemüht, stellt der Doktor Woyzeck als Demonstrationsobjekt zu Schau. Er fordert Woyzeck auf, Kunststückchen zu machen; diese Situation erinnert in pervertierter Form an die Jahrmarktszene mit dem zählenden Pferd („Woyzeck, beweg den Herren doch einmal die Ohren!"). Eindringlich zeigt hier die Sprache, wie menschenverachtend der Arzt agiert.

Die Appelle an Woyzeck haben Befehlscharakter und lassen keinen Widerspruch zu („Willst du's machen wie die Katze?", S. 15). Auch in dieser Szene sind die Gesprächsanteile des Doktors dominant – der selbstverliebte und sich maßlos als großer Wissenschaftler überschätzende Doktor, der ankündigt: „Es gibt eine Revolution in der Wissenschaft, ich sprenge sie in die Luft" (S. 10), reagiert nicht auf die einsilbigen und klaren Anliegen seiner gequälten Kreatur:

Herr Doktor, ich hab's Zittern.
Herr Doktor, es wird mir dunkel!
Ach, Herr Doktor! (S. 15)

Woyzeck wird immer wortkarger, verstummt schließlich ganz. Er kann sein Leiden nicht beschreiben, ihm fehlt jene Dimension der Sprache, die es erlaubt, die eigene Befindlichkeit klar zu artikulieren – eine Dimension, die den Gebildeten offen steht.

Woyzecks Sprachverhalten spiegelt seine zerrissene psychische Situation und seine große Emotionalität. Ausrufe („Es red't immer: stich! stich! Und zieht mir zwischen den Augen wie ein Messer", S. 25) und kurze, elliptische Sätze bis hin zu Einwortaussagen („Das Messer? Wo is das Messer? Ich hab es da gelassen. Es verrät mich! Näher, noch näher! Was ist das für ein Platz?

Was hör ich? Es rührt sich was. Still. Da in der Nähe. Marie? Ha, Marie! Still. Alles still! [...]", S. 32) zeigen seine zunehmende Ausweglosigkeit und Spracharmut angesichts der ihn zerreißenden Gefühle und Ängste, aber auch die starke emotionale Prägung der Sprache, deren er sich – wenn überhaupt – bedient. Oft deutet er nur an, da er das Phänomen, das ihn bewegt, nicht angemessen umschreiben oder gar ausdrücken kann. Beim Doktor etwa, auf die Natur verweisend, sagt er zu diesem:

> *Sehn Sie, Herr Doktor, manchmal hat einer so 'en Charakter, so 'ne Struktur. – Aber mit der Natur ist's was anders, sehn Sie; mit der Natur, das ist so was, wie soll ich doch sagen, zum Beispiel ...* (S. 10)

Woyzeck ringt um seine Sprache, er kann letztlich nur vergleichen und eine Ahnung von dem vermitteln, was er meint:

> *Wenn die Sonn in Mittag steht und es ist, als ging' die Welt in Feuer auf, hat schon eine fürchterliche Stimme zu mir gered't!* (S. 11)

Hier werden Anklänge an die biblische Apokalypse offenkundig; dies ist nachvollziehbar, da die Kirche der einzige kulturelle und bildende Ort der einfachen Leute gewesen ist.

Auch **Marie** bedient sich der Bibelsprache, als sie ihr Schicksal mit dem der Ehebrecherin aus dem Neuen Testament vergleicht (S. 26). Aber auch sie kommt nicht viel weiter über das sprachliche Niveau Woyzecks hinaus („Herrgott! Herrgott! Ich kann nicht! – Herrgott, gib mir nur so viel, dass ich beten kann.", S. 26). Wenn Marie schließt, dass „alles tot" (S. 27) sei, zeigen sich in ihren Exklamationen (Ausrufen), den Bibelzitaten und den elliptischen Kommentaren, die nur aus dem Kontext erklärbar sind, ihre emotionale Aufgewühltheit und ihre Verzweiflung. Und doch verfügt Marie über etwas ausgefeiltere sprachliche Strategien als Woyzeck: Durch Ansätze des uneigentlichen Sprechens gelingt es ihr, Woyzeck hinzuhalten und scheinbar zu mäßigen.

Die Ohrringszene („Mariens Kammer“, S. 16 f.) soll dies verdeutlichen. Marie sagt zu Woyzeck, dass sie den Ohrring gefunden habe. Woyzeck entgegnet, dass er noch nie zwei Sachen auf einmal gefunden habe. Hier entspinnt sich die ganze Problematik des Stückes: Marie lügt und antwortet kurz und knapp. Woyzeck stellt sachlich eine Gegenposition auf und zeigt, dass er den Schwindel wohl erraten hat. Marie jedoch fragt nun: „Bin ich ein Mensch?“ („Mensch“ abschätzig: Hure). Sie provoziert also Woyzeck direkt und fragt nach seiner Einschätzung ihrer Person. Aber sie tut es aus dem Bewusstsein heraus, dass Woyzeck eben die Frau vor sich hat, die er liebt, die die Mutter seines Kindes ist – und eben jene provozierende Frage, die wahrheitsgetreu mit „Ja“ beantwortet werden müsste und so Klarheit schaffen könnte, biegt den Konflikt wieder ab: „’s is gut, Marie.“ Woyzeck weiß, dass Marie spielt, und Marie weiß, dass Woyzeck die Wahrheit vermutet. Trotzdem sind beide noch nicht daran interessiert, ihren Konflikt eskalieren zu lassen oder offen auszutragen.

In der Szene „Waldsaum am Teich“ (S. 29 f.), in der das ganze Geschehen eskaliert, zeigt sich auf sprachlicher Ebene, wie weit Marie und Woyzeck sich voneinander entfernt haben. Woyzeck fragt Marie, wie lange sie noch zusammen sein würden. Marie weicht aus: „Ich muss fort, das Nachtessen richten.“ Dann entspinnt sich das Wortspiel um das Adjektiv „heiß“. In diesem Kontext steht es im Kontrast zu „kalt“. Leben und Tod, Leidenschaft und Verrat, Liebe und Verlassenheit spiegeln sich in Woyzecks Fragen und Ausrufen: „Friert’s dich, Marie? Und doch bist du warm! Was du heiße Lippen hast! Heiß, heißen Hurenatem!“ Die Alliteration heiß–Hure steht im Kontrast zum ebenfalls alliterierenden Himmel, den Woyzeck in einem letzten Gedanken an vergangene Zeiten nochmals an sich vorüberziehen lässt – und dann bricht die Kälte ein, die sich in seinem blassen Gesicht („Franz, du bist so blass.“, S. 30) widerspiegelt und die den Tod für Marie, ja letztlich für beide bedeutet.

4 Das Märchen der Großmutter – Ausdruck der Weltsicht und der Intention Büchners

Dramenimmanente Deutung des Märchens

Das Grimm'sche Sterntaler-Märchen endet mit einem segensreichen Himmelsgeschenk: Das arme Waisenkind bekommt seinen gerechten Lohn, wenn es für seine Mildtätigkeit und seine Empathie mit dem Leid und der Not anderer entschädigt wird.

Im Märchen der Großmutter im *Woyzeck* (S. 28 f.) nun gibt es diese ausgleichende Gerechtigkeit nicht mehr. Zu Anfang gleichen sich beide Märchen noch: Das arme Waisenkind befindet sich auf der Suche nach einem Halt, nachdem es alles verloren hat. Doch im Gegensatz zu der Grimm'schen Vorlage wird das Kind auf der Suche nach dem, was ihm schön und freundlich gesonnen zu sein scheint, **desillusioniert**. Der Mond als Inbegriff der romantischen Natur wird zu einem faulen Stück Holz, die Sonne als die wärmende Kraft wird zu einer verwelkten Sonnenblume, die Sterne zu aufgespießten Insekten und die Welt gar zu einem umgestürzten Nachttopf. Die Suche nach Sinn und Halt erweist sich als zwecklos, weil es das letztlich nicht gibt. Es gibt auch keine Hoffnung mehr: Jedwede Vorstellung einer Besserung wird sofort negiert. Ernüchterung, Trauer, Hoffnungslosigkeit und Verzweiflung treiben das Individuum in die Einsamkeit und die existenzielle Ausweglosigkeit. Das gute Ende im Grimm'schen Märchen, wo die Bösen bestraft und die Guten belohnt werden, zeigt die – verglichen mit dem wirklichen Leben – illusorische Hoffnung auf eine ausgleichende Gerechtigkeit. An diese glaubt im Büchner'schen Märchen keiner mehr.

Exemplarisch wird das Märchen von der Großmutter erzählt, die hier ihre gesamte Lebenserfahrung verdichtet und an die kleinen Kinder weitergibt. Schon diese haben keine Perspektive – und die Erwachsenen erst recht nicht. Es gibt kein Happyend, weder in der Fiktion noch in der Wirklichkeit.

Damit geht auch die ästhetisch-träumerische Vision, dass es eine Belohnung für das Gute gibt, wie das im Märchen meist der Fall ist, verloren. Alles löst sich auf im Nichts, selbst der Glaube, dass es eine über der Welt stehende Macht gibt, zerfällt: Das kleine Mädchen will zum Himmel gehen, um dort der Einsamkeit und dem Tod zu entrinnen. Aber Gottes Schöpfung erweist sich als ein stinkender Nachttopf, ein Behältnis für Exkremente, die übrig bleiben, um sich zu zersetzen, im Nichts endend.

Auf die Situation Woyzecks übertragen, spiegelt dieses Märchen (besser gesagt: dieses Anti-Märchen!) dessen hoffnungslose Situation. Auch für ihn enden sein Leben und seine Liebe, seine Hoffnung auf Glück und Erfüllung im Nichts. Woyzeck wird auch nicht in einer wie auch immer gearteten transzendenten Glaubensgewissheit aufgefangen.

Für die Figur des Woyzeck ist diese düstere Märchenvariation damit eine symbolische Verdichtung der eigenen existenziellen Situation. Für den Zuschauer ist sie eine Vorausdeutung auf das tragische Ende.

Büchners Umdeutung des Sterntaler-Märchens

Das Grimm'sche Sterntaler-Märchen	Das Märchen der Großmutter
Kind gibt alles weg	Kind hat alles verloren
Kind ist sich seiner Sache sicher (fromm)	Kind sucht Halt (ohne Glaube, ohne Transzendenz)
Kind sieht sich im Kosmos aufgehoben: • Sterne: kosmische Ordnung • Mond: romantische Natur • Sonne: alles überstrahlende Kraft	Kosmos entpuppt sich als Illusion: • Sterne: aufgespießte Insekten • Mond: faules Stück Holz • Sonne: verwelkte Blume
Welt, in der alles in Ordnung kommt, in der alles Sinn hat; ausgleichende Gerechtigkeit	Welt: umgestülpter Nachttopf; kein Sinn, keine ausgleichende Gerechtigkeit
⇒ **Hoffnung berechtigt: Happyend**	⇒ **Hoffnungslosigkeit: existenzielle Ausweglosigkeit**

Übertragung auf die Dramentheorie und die Weltsicht Büchners

In seinem Briefwechsel gab der Schriftsteller Auskunft über die ihn bewegenden dramentheoretischen sowie existenz- und geschichtsphilosophischen Ideen, die alle in irgendeiner Art und Weise im *Woyzeck* wiederzufinden sind.

Mit seinen Dramen wollte Büchner ganz bewusst nicht in der Tradition der Idealdichter stehen, die die Welt so auf der Bühne zeigen wollten, wie sie ihrer Meinung nach sein sollte. Büchner äußerte sich dazu explizit in seinem Brief vom 28. Juli 1835 an die Familie:

> *Was noch die so genannten Idealdichter anbetrifft, so finde ich, dass sie fast nichts als Marionetten mit himmelblauen Nasen und affektiertem Pathos, aber nicht Menschen von Fleisch und Blut gegeben haben, deren Leid und Freude mich mitempfinden macht und deren Tun und Handeln mir Abscheu oder Bewunderung einflößt.“* (zitiert nach Reclam, Erläuterungen, S. 75)

Büchner sieht den Dichter nicht als „Lehrer der Moral“, sondern als einen, der **Menschen aus Fleisch und Blut** schafft, die in der Wirklichkeit genauso gut vorkommen könnten wie auf der Bühne, Menschen, die leiden wie du und ich und die damit an Glaubwürdigkeit gewinnen. Ebenso können sie die Absichten des Dramatikers deutlicher transportieren und Veränderungen grundsätzlicher anregen als die hohen und hehren Kreaturen der Idealdichter, die Büchner u. a. durch Schiller vertreten sieht.

Hinter der symbolischen Verdichtung des Märchens der Großmutter im *Woyzeck* lässt sich die **negative, nihilistische und fatalistische Weltsicht** Büchners vermuten. Freilich wird dem Zuschauer zuvor einiges abverlangt. Er muss sich seine eigenen Gedanken zur Bühnenhandlung machen und erhält auf diese Weise einen viel aktiveren Part in der kommunikativen Interaktion zwischen Bühnengeschehen und Zuschauererwartung bzw. -bewertung.

Rückschlüsse auf die Intention Büchners

Ableiten lässt sich aus diesen Gedanken, dass Büchner mit seinen Texten provozieren und aufzeigen wollte.

Provokation erreichte er im *Woyzeck* über eine Palette „unmoralischer“, tabuisierter Themen, wie z. B. der in der Doktor- und in der Hauptmannsszene exemplarisch dargestellte asymmetrische und verbrecherische Diskurs zwischen den Beteiligten zu Ungunsten des Woyzeck.

Aufzeigen wollte er die Leichtfertigkeit und Vorurteilsgebundenheit aller am dramatischen Diskurs Beteiligten in Bezug auf die Schuld des Woyzeck. Büchner beschäftigte sich mit dem Krankheitsbild der Seele und des Geistes und fand hier Erklärungen, die die sog. Verbrechen in ein anderes Licht rücken: Die Psyche des Täters und ihre Verwundbarkeit stehen im Mittelpunkt. Büchner suchte eine Antwort auf die Frage: „Was ist das, was in uns lügt, mordet, stiehlt?“ („Fatalismus“-Brief, 10. März 1834). Damit steht hier Woyzecks Schuld zur Disposition.

5 Woyzecks „Schuld" und die Determiniertheit des Individuums

Aspekte der Frage nach Woyzecks „Schuld"

In dem Gutachten, das der Medizinalrat Clarus zum historischen Fall Woyzeck erstellte (vgl. *Interpretationshilfe,* S. 6 ff.), war die Sache klar: Der Beschuldigte hatte laut Untersuchung aus niederen Motiven seine Geliebte getötet und daher die Todesstrafe verdient. Der historische Woyzeck starb auf dem Richtplatz.

Die Beweislage schien eindeutig zu sein, und doch tauchten immer wieder Zweifel an der geistigen Zurechnungsfähigkeit des Verurteilten auf, die sich auch in letzter Instanz nicht ausschließen ließen. Büchner kannte die Diskussion um den Fall. Im *Woyzeck* griff er das Problem des **„Unschuldig"-Schuldig-Werdens** auf, um die Begleitumstände, die einen Menschen in den Abgrund treiben, aufzuzeigen und zugleich Kritik an denjenigen zu üben, die dafür mittelbar oder unmittelbar verantwortlich sind.

Der literarische Woyzeck begeht eindeutig ein Verbrechen. Er tötet Marie, seine Lebensgefährtin und Mutter seines Sohnes, aus Eifersucht. Darin gleicht er der realen Vorlage. Doch Büchner geht der **Frage nach den näheren Umständen** nach, die ihm im historischen Prozess zu kurz gekommen war. Er entwirft in einem Arrangement einzelner Szenen ein Tableau, das die immer offensichtlichere Verstrickung und Ausweglosigkeit des Protagonisten offen legt. Er zeigt auf, dass die Begleitumstände, die mit zur Tragödie beigetragen haben, nicht von Woyzeck, sondern von den ihn bestimmenden Kräften mit verursacht wurden.

Woyzeck trifft somit nur eine **Teilschuld**: Seine unterprivilegierte Stellung im Gesamtkontext der Gesellschaft und ihrer Repräsentanten, die Woyzeck seiner Menschlichkeit sukzessive berauben, lässt – künstlerisch von Büchner noch zugespitzt – keinen anderen Ausweg zu. Die Aggression wendet sich nach außen als Konsequenz der Aggression nach innen: Woyzeck hat sich so lange selbst zerstören lassen, bis er das, was er am meisten liebt, zu verlieren droht und zerstört. Was bleibt, ist die totale Isolation, denn mit Marie gehen das Glück, die Hoffnung und die Zukunft dahin, war sie doch für Woyzeck „ein einzig Mädel" (S. 26). Dieses Mädchen ist aber mitverantwortlich für Woyzecks Verbrechen, sie ist – wie alle anderen auch – schuldig geworden an der Eskalation der Geschehnisse. Marie ist wie Woyzeck **Täter und Opfer zugleich**.

Büchner versucht, die Gründe für das Schuldig-Werden von Menschen auf der Bühne kritisch zu beleuchten, Ursachen zu erforschen und Auswirkungen zu zeigen. Im *Woyzeck* geht er diesen Fragen nach und findet eine (Teil-?) Antwort in der existenziellen und psychosozialen Determiniertheit des Einzelwesens.

Zur Determiniertheit des Individuums

Schon früh spricht Büchner in einem Brief von „psychosozialer Determiniertheit". Sein *Woyzeck* fordert geradezu heraus, über die Möglichkeiten nachzudenken, die ein Mensch hat, einem scheinbar unentrinnbaren Schicksal zu entgehen – einem Schicksal, das sich unter anderem zusammensetzt aus **körperlichen, psychischen und sozialen Gegebenheiten**. Aber das Stück zeigt keine möglichen Alternativen auf, weil Woyzeck in einer so verworrenen existenziellen Situation keinen Ausweg hat und so unvermeidlich auf das katastrophale Ende zusteuert.

Zum einen ist er der Willkür des Arztes ausgeliefert, der ihn zu einem Versuchskaninchen seiner eitlen, größenwahnsinnigen Forschungen macht. Er verordnet Woyzeck eine Erbsendiät, die eine Mangelernährung zur Folge hat und so Woyzecks Gesamtbefindlichkeit nachhaltig beeinträchtigt. Schwäche, Schwindelanfälle und einseitige Ernährung machen den Füsilier auch dünnhäutiger im Hinblick auf seine Wahrnehmung.

Er hört Stimmen, er sieht Bilder, die die anderen nicht wahrnehmen, und fällt deshalb als Ausnahmeerscheinung immer deutlicher auf. Erinnert man sich in diesem Zusammenhang an den langsamen sprachlichen Verfall Woyzecks bis hin zu Gestotter und zusammenhanglosem Gestammel (vgl. *Interpretationshilfe,* S. 40 ff.), so sieht man: Hier wird eine zunehmende Verwirrung der Wahrnehmung und eine wachsende Isolation widergespiegelt. Denn niemand kann die dunklen Schatten, die die Psyche des Woyzeck aus den Fugen geraten lassen, vertreiben.

Der Doktor hat kein Interesse an diesen Erscheinungen, für ihn hat Woyzeck die „aberratio mentalis“, die der Arzt beobachtet. Aber der denkt nicht daran, sie zu kurieren. Nur seine eigene Forschung zählt. So hat Woyzeck, der sich mit seiner Bereitschaft, wissenschaftliches Forschungsobjekt zu werden, ein kleines Zubrot für Marie und das Kind verdienen wollte, sich einer Macht überschrieben, die ihn mit brutaler Härte überrumpelt und entmündigt. Diese Macht besteht u. a. aus zwei Faktoren: aus der gesellschaftlichen Überlegenheit des Doktors sowie dem rücksichtslosen Gebrauch der aus der Freiheit von Wissenschaft und Forschung moralisch unhaltbar abgeleiteten Verfahren.

Woyzeck gerät als armer Kerl, der noch im Himmel „beim Donnern“ helfen muss (S. 6), vor den Augen der Zuschauer rasch in die **Opferrolle**: Der Hauptmann schikaniert ihn, der Tambourmajor und Marie betrügen ihn, Andres versteht ihn nicht, er selbst hat mehr und mehr Probleme damit, das, was er sieht und empfindet, zu artikulieren. Ihm entgleitet der eigene Wille, er büßt seine Freiheit sukzessive ein. Büchner zeigt hier kritisch, dass Woyzeck und mit ihm alle geknechteten und gesellschaftlich und psychisch ausgebeuteten Menschen einen Rückschritt hinter die Meilensteine der Aufklärung gemacht haben.

Büchner weist darauf hin, dass **keine Transzendenz** mehr helfen kann, wenn sie denn überhaupt existiert. Marie zitiert die Bibel, sie versucht auch zu glauben – doch sie kann es genauso wenig wie Woyzeck, denn in Büchners Stück ist eine Erlösung im Diesseits oder im Jenseits nicht möglich, ja gar nicht gewollt.

Der Mensch ist unerlösbar verstrickt. Woyzeck steckt im Sumpf der Armut und der fehlenden Chancen, er steckt im moralischen Überbau der dem Bürgertum verpflichteten Kirche, die sein Kind als ein Hurenkind bezeichnen würde. Er kann jedoch nicht heiraten, weil das Geld vorne und hinten nicht reichen würde und weil er als Soldat nicht heiraten darf. Woyzeck hat sein Leben dem Kampf verschrieben, aber welche anderen Chancen hätte einer in seiner Situation sonst gehabt? Kann er überhaupt noch verantwortlich handeln?

Woyzecks Leben ist im Wesentlichen **fremd bestimmt**, seine eigenen Freiräume sind auf ein Nichts reduziert. Seine Armut, seine fehlende Bildung, seine Natürlichkeit machen aus ihm eine Puppe, mit der man spielen kann und die in die Ecke fliegt, wenn man mit ihr fertig ist. Die aufgestaute Wut, die Woyzeck schließlich zum Äußersten treibt, wird so verständlich.

Die **Ausweglosigkeit** kann gewiss keine Entschuldigung für die Mordtat sein. Aber Büchner zeigt auf, dass dieser Woyzeck, dessen „Heldentum" im Anschluss genauer untersucht werden soll, wenigstens differenziert genug in seiner Schuld beurteilt und auch als Opfer gesehen werden muss.

Woyzeck – Inbegriff der geknechteten Kreatur. *Woyzeck* (BRD 1979, Regie: Werner Herzog).

6 Woyzeck – Held oder Antiheld?

Sicherlich kann man sagen, dass Woyzeck **kein „Held" im herkömmlichen dramentheoretischen Sinne** ist, denn Büchner verurteilt ja selbst die Idealdichter (z. B. Schiller). Diese rekrutierten ihre Helden zumeist aus aristokratischen Schichten und ließen das Einzelschicksal als eine in der Freiheit des Willens gegründete Selbstbehauptung auf der Bühne erscheinen, die als sittliche Vervollkommnung im Angesicht eines widerwärtigen Schicksals um so strahlender in der Katastrophe aufleuchtende.

Woyzeck jedoch ist kein Prosa in Schillers *Don Carlos* und kein Cousin der *Maria Stuart,* ihm fehlt die revolutionäre Kraft eines Karl Moor aus den *Räubern* und er hat auch nicht die geschichtsphilosophische Dimension eines *Wallenstein.*

Woyzeck besitzt **keine heldischen Attribute**: Er ist nicht von Adel, er ist nicht attraktiv, seine Welt im weitesten Sinne ist die vieler anderer auch und seine Sorgen sind ebenfalls den meisten nicht fremd. Er ist am Schluss nicht edelmütig und geht nicht selbstlos hoch erhobenen Hauptes in die Katastrophe, sondern er bringt Marie um und endet auf dem Richtplatz.

Was also ist so Besonderes an diesem Protagonisten? Könnte man ihn sogar als Anti-Helden bezeichnen? Auf den ersten Blick ist man geneigt, diese Frage zu bejahen. Schaut man sich aber die Figur des Woyzeck genauer an, so zeichnen sich einige außergewöhnliche Strukturen ab.

Für Büchner ist der Mensch durch seine Verhältnisse determiniert. Damit **spricht** er **dem Individuum einen freien Willen ab**, mit dem es diese verändern könnte. Die jeweiligen Umstände zwingen dem Einzelnen demnach eine ganz bestimmte Handlungsweise auf. Woyzeck kann aufgrund seiner Armut und der Beschaffenheit der äußeren Verhältnisse seine Lebensträume nicht realisieren, ja man gewinnt den Eindruck, dass er sich, je mehr er strampelt, um so mehr in seiner Misere verstrickt.

Das heldisch-stolze Aufbäumen gegen das Schicksal, in dem der freie Wille dem Individuum die Selbstverantwortlichkeit garantiert, wird ad absurdum geführt, indem der arme und psychisch extrem desorientierte Woyzeck eine (wenn auch geplante) Verzweiflungstat begeht. Nicht der Widerstand gegen die Situation, sondern die Situation selbst hat Woyzeck dazu getrieben.

Bei Woyzeck gibt es **keine Reflexionsphasen**, in welchen er sich die Aussichtslosigkeit seiner Lage klar macht. Diese kann er noch nicht einmal erahnen bzw. nur dumpf andeuten, weil ihm die verbalen Mittel fehlen, seine konkreten Bedürfnisse anzumelden. Er, der immer als ein „Gehetzter" beschrieben wird, hat keine Möglichkeit, mit sich selbst ins Gespräch zu kommen – statt dessen hört er Stimmen.

Woher diese Stimmen kommen, sei dahingestellt. Seien es Stimmen aus jener schizoiden Zwischenwelt, die für andere unsichtbar ist und die den Kranken zu Aktionen treibt, die gleichfalls nicht nachvollziehbar sind, seien es Stimmen, die aus einer anderen Bewusstseinsebene des Woyzeck stammen und die ihm seine vielleicht verdrängte Situation als ausweglos schildern – fest steht, dass Georg Büchner mit seinem *Woyzeck* die Dimension der **bedrängten Psyche** und ihrer möglichen Reaktion am Fallbeispiel demonstrieren wollte.

Woyzeck ist damit **nicht Identifikationsfigur** wie die traditionellen Helden. Woyzeck ist eine neue Bühnengestalt, die in ihrer Hilflosigkeit und in ihrer psychischen Verwirrung anrührt und nicht wie die traditionellen Helden zur Nachahmung, sondern zur Distanz aufruft, zur Spurensuche und Auseinandersetzung mit den Ursachen, die dafür verantwortlich sind, dass das mit Menschen geschehen kann. Der Zuschauer wird aus seiner behaglichen Rolle des mitleidigen Konsumenten herausgerissen und zu kritischer Aufmerksamkeit aufgerufen.

Betrug und Leidenschaft, Verrat und Tod – alle großen Leidenschaften werden auch auf Büchners Bühne dargestellt. Nur die

Absicht ist eine andere, weil hier schonungslos aufgezeigt wird, was Macht und Machtmissbrauch im gesellschaftlichen Kontext mit Menschen machen, die nur noch scheinbar Würde und Freiheit besitzen. Das Verständnis, das Büchner mit seiner Woyzeck-Gestalt für die Bedrängnis der kleinbürgerlichen Schichten provozieren wollte, blieb ihm durch seinen frühen Tod und die erst im 20. Jahrhundert aktuell ins Bühnenrepertoire aufgenommene Dramenfassung versagt.

Aber der *Woyzeck* ist kein altes Historienstück, das mit unserer Welt nichts mehr zu tun hat. Woyzeck bemüht sich, ein wenig Würde und finanzielle Unabhängigkeit dadurch zu bewahren, dass er sich quasi für die Wissenschaft prostituiert und für den Hauptmann den Ausputzer spielt. Gerade dieser Versuch, die Fesseln ein wenig zu lockern, die ihm das Leben so schwer machen, erweist sich als fatal. Büchner demonstriert mit seinem Stück, dass es aus der Ausweglosigkeit kein Entrinnen gibt und dass die **Katastrophe am Schluss unvermeidlich** ist.

Für Woyzeck ist nichts über dem Himmel. Wie dem Kind aus dem Sterntaler-Märchen der Großmutter zeigt sich ihm alles als große Desillusion. Büchner läutete mit seinem *Woyzeck* den **Abgesang auf die Helden** ein und stellte die kleinen Leute auf die Bühne, deren Schicksale vielleicht mächtiger als die der großen Helden sind, weil sie die allgemeine existenzielle Problematik um die gesellschaftlich-soziale und die psychische erweitern.

Woyzeck unterscheidet sich von allen seinen Vorgängern darin, dass er in keinem Rührstück agiert, sondern dass sein Leiden und seine Betroffenheit ihn zu einem **modernen, fremdbestimmten und isolierten Individuum** machen, das seine Umwelt samt ihrer Mechanismen nicht mehr durchschaut und sich nicht mehr anders zu wehren weiß, als dass es in hilfloser und ohnmächtiger Aggression zerstört.

Woyzeck ist also **weder Held noch Antiheld** – er ist schlicht Mensch, Mensch auf der Bühne, die seine Begrenztheit und seine geistige Enge ebenso wie die der anderen, die sich anmaßen, mehr zu sein als er, eindrucksvoll vor Augen führt. Er zeigt exemplarisch das **Schicksal des modernen Menschen**, der in einer immer komplizierter werdenden Welt die Orientierung verloren hat und keinen Halt hat, weil es keine transzendentalen Bindungen mehr gibt. Es gibt keine Rettung, keine Erlösung mehr – Georg Büchners fatalistisches Weltbild findet hier seinen drastischen Ausdruck.

7 Die Frauen und ihr Bild in Büchners Drama

Im *Woyzeck* spielen nur wenige Frauen eine Rolle. Neben **Marie** sind dies eigentlich nur die **Großmutter**, die das Märchen erzählt und über die man keine genaueren Angaben hat, und **Margret**, die Marie bezichtigt, mannstoll zu sein, und die sich selbst als „honette Person" sieht (S. 8). Margret wirft Marie wohl genau das vor, was sie selbst gerne ausleben würde – sie steht hier stellvertretend für die Doppelmoral des Kleinbürgertums, das viel will und wenig kann.

Marie steht im Zentrum des Interesses, ist sie doch die Lebensgefährtin des Woyzeck und die Mutter seines Sohnes. Sie betrügt Woyzeck mit dem smarten Tambourmajor, der ihr Geschenke macht und sie körperlich anzieht. Sie begeht einen **Treuebruch**, denn obwohl sie nicht mit Woyzeck verheiratet ist, hat sie sich doch sehr viel stärker, als ihr vielleicht lieb ist, an ihn gebunden: Sie nimmt einen Teil seines Soldes als Lebensgrundlage für sich und den Jungen an und hat sich damit als loyal zu betrachten. Woyzeck sieht in ihr seine Frau und sein „einzig Mädel", er vergöttert sie und den Sohn und würde alles für die beiden tun.

Aber Marie hat **Wünsche**, Wünsche begehrt zu sein und beschenkt zu werden wie die Damen der besseren Gesellschaft. Da sie aber nur „ein arm Weibsbild" (S. 16) ist, nimmt sie den Tambourmajor als Liebhaber, bevor sie ihr Leben an der Seite Woyzecks verrinnen sieht. Marie, deren biblischer Name in Anbetracht der Gottesmutter aber keine Erlösung verheißt, sondern sie nur in ihrer Leidensfähigkeit darstellt, erleidet einen großen **seelischen Schmerz**, weil sie ihren Woyzeck nicht mehr versteht und die fast zweijährige Beziehung aufgrund der desolaten Situation, in welcher sich Woyzeck befindet, zu scheitern droht. Marie fühlt sich **schuldig**, aber sie kann nicht gegen ihre Natur an („Geht doch alles zum Teufel, Mann und Weib!", S. 17).

Sie fühlt sich geschmeichelt und begehrt von dem triebhaften Major, der ihr langfristig nicht die Beständigkeit eines Woyzeck bieten kann. Auch wenn ihr bewusst ist, dass diese Affäre letztlich nicht auf Dauer angelegt ist, will sie sie doch erleben, weil sie sich **als Frau bestätigt** sieht und der Tristesse ihrer Situation entrinnen will. Marie fängt an, Woyzeck zu belügen, und zerstört somit eine wichtige Grundlage einer jeden Beziehung: das Vertrauen. Es wäre jedoch zu einfach, Marie als „das Mensch", das sie doch nicht sein will, abzuurteilen und sie allein für den Untergang Woyzecks und auch für ihren eigenen Tod verantwortlich zu machen.

Marie zeigt sich im ganzen Stück als **treu sorgende Mutter**. Ihr Kind, das bis auf die letzten Szenen mit dem Narren ausschließlich mit ihr präsentiert wird, steht bei ihr ganz oben auf der Prioritätenliste. Aber als Mutter eines illegitimen Kindes hat sie **keinerlei gesellschaftliche Akzeptanz**. Sie ist stigmatisiert als Hure und könnte mit aller Rechtschaffenheit nicht dagegen an. In einer ähnlichen Situation befand sich auch das Gretchen aus Goethes *Faust*, das ein Kind von ihrem Heinrich nach der Geburt ertränkte und aus Angst vor der Ächtung der Gesellschaft bereitwillig das Leben des Babys opferte. Marie hingegen scheint sich in ihr Schicksal gefügt zu haben; selbst die Lieder, die sie ihrem Knaben singt (S. 8, 16), zeigen eine verhaltene Ironie, aber keine Gefahr oder Aggression, die das Leben des Kindes gefährden könnte.

Marie ist das **Mädchen aus dem Volk**, oder besser: aus den unteren Schichten, und sie hat ihre Vorreiterinnen im bürgerlichen Trauerspiel des Heinrich Leopold Wagner *(Die Kindsmörderin)*, J. M. R. Lenz *(Die Soldaten)*, Friedrich Schiller *(Kabale und Liebe)* oder in der Gretchen-Gestalt aus Goethes *Faust*. Alle diese Mädchen waren leicht verführbar, weil sie in ihrer Naivität den **Verlockungen der höheren Schichten** nicht widerstehen konnten. Verständlicherweise ließen sie sich in unstandesgemäße Verbindungen hineinziehen, die den Mädchen nur Schande brachten und die ihr in der Regel trauriges Schicksal exemplarisch für das ganze geschundene Kleinbürgertum werden ließen. Die Rücksichtslosigkeit der ranghöheren Aristokratie oder der Repräsentanten des Militärs ging einher mit dem **tiefen Fall** der Mädchen, die nur noch im Kindsmord, im Selbstmord oder in der Prostitution einen dubiosen Ausweg aus der Misere sahen.

Marie reiht sich also ein in die Reihe dieser verführten und unglücklichen Mädchen aus den kleinbürgerlichen Kreisen; nur wird Marie nicht vom Tambourmajor, sondern von ihrem Lebenspartner Woyzeck, der nicht wie die adligen „Gentlemen" das Kind verleugnete und als Bastard entschuldigte, ermordet. Marie hätte möglicherweise die Wahl gehabt, mit Woyzeck ihren Frieden zu machen und mit ihm weiterzuleben oder aber ihn zu verlassen. Ihr **Hin- und Hergerissensein** macht ihr jedoch die Entscheidung so schwer und durch die Lüge wird ihr diese unnötige Verlängerung der Pein und des Doppellebens zum Verhängnis. Es ist nicht zu spekulieren, ob Woyzeck, hätte Marie denn das Gespräch gesucht, den Mord verworfen hätte, weil er so etwas wie Mitleid oder Verständnis empfunden hätte.

Marie ist genau wie Woyzeck determiniert; sie hört genau wie Woyzeck die Stimmen; nur sind ihre Stimmen die des Begehrt-Sein-Wollens, des kleinen Luxus und der wenn auch leisen Hoffnung auf etwas Besseres im Leben. Doch wie bei Woyzeck erweist sich dieses **Verlangen** als ein **Trugschluss**. Marie ist, im Gegensatz zu Woyzeck, nicht psychopathisch veranlagt, sondern sie hat, weil auch sie gegen ihre Natur nicht ankommt, gefehlt und muss bitter dafür büßen.

Büchner zeigt mit der kleinbürgerlichen Marie einen Mädchentyp, wie er schon oftmals im bürgerlichen Trauerspiel des 18. Jahrhunderts vorgekommen ist. Doch Marie unterscheidet sich von diesen Mädchengestalten, weil sie keine Verzweiflungstat begeht, sondern diese verhindern will, indem sie ihrem

Schicksal an Woyzecks Seite zu entgehen sucht. Marie ist ein wenig weiter entwickelt als ihre Vorgängerinnen, ein wenig stärker und auch frecher und emanzipierter. Sie verkörpert schon den **neuen Frauentyp**, der auch einmal an sich denkt und seine Vorstellungen realisieren will, der tradierte Werte wie Treue oder Loyalität in Frage stellt und einfach leben will. Marie ist hier schon fast modern zu nennen, denn sie will sich auch einmal etwas nehmen, was den andern vergönnt ist, und ihr ist die Gesellschaft gerade egal.

Marie bezahlt bitter für ihre kleinen Wünsche und für ihren Verrat; sie ahnt nicht, was sie in Woyzeck anrichtet. Diese Tatsache macht das Stück überzeitlich und aktuell, denn Maries Ziele und Träume ließen sich mit denen Woyzecks nicht in Einklang bringen. Damit wird das Stück zu einem Drama einer erdrückenden Abhängigkeit und einer **gescheiterten Emanzipation**.

8 Interpretation von Schlüsselstellen

Die Szene „Zimmer“ (S. 5–7)

In dieser Szene, die in der Reclam-Ausgabe des *Woyzeck* expositorischen Charakter hat, weil sie an vermeintlich erster Stelle (Fragmentproblematik) steht, kommen die Vertreter zweier vollkommen unterschiedlicher gesellschaftlicher Schichten zusammen: der Hauptmann und sein Barbier.

Die Szene ist an sich recht inhaltsarm und hat auf den ersten Blick wenig Aktionspotenzial. Die Regieanweisungen sind spärlich und auf das Wesentliche reduziert, zeigen jedoch das offensichtliche Machtverhältnis zwischen den Teilnehmern schon auf, wenn man die Redeanteile der beiden Personen typographisch überschaut. Zunächst gibt Woyzeck nur kurze Repliken auf das vom Hauptmann Gesagte, doch dann wächst sein Redeanteil stetig an. Er scheint an Sicherheit zu gewinnen und ein Thema gefunden zu haben, welches ihn angeht, auf das er antworten kann.

Man kann sich die vorliegende Situation sehr gut verdeutlichen. Da ist auf der einen Seite der Hauptmann, der sich vom untergebenen Woyzeck rasieren lässt. Woyzeck bedient ihn, führt also eine Dienstleistung aus. Der Hauptmann sitzt auf dem Stuhl, plaudert gelassen und lässt gleichwohl eine lästige morgendliche Pflicht über sich ergehen.

Auf der anderen Seite befindet sich Woyzeck, über den der Zuschauer genau wie über den Hauptmann selbst eine Menge erfährt: Nach den Aussagen des Hauptmanns ist er ein guter Mensch, aber er hat keine Moral. Woyzeck selbst gibt daraufhin an, einen unehelichen Sohn zu haben, arm zu sein und aufgrund dessen keine Tugend zu besitzen. Tugend sei eine Sache der Wohlhabenden, ein Luxus, den sich die Armen nicht leisten könnten. Trotzdem, so wirft ihm der Hauptmann vor, denke Woyzeck zu viel. Er macht sich also seine Gedanken, ja er steigt teilweise sogar zu einem Kommunikationspartner auf. Dies wiederum unterscheidet ihn von dem gewöhnlichen armen Kerl, der tut, was ihm befohlen wird, und der sich keine Gedanken macht, wozu er einen Befehl ausführt.

Wie kann man nun so unterschiedliche Informationen, wie sie sich aus dem anfangs recht diffus erscheinenden Gespräch ergeben, deuten und die Szene für den Gesamtkontext des Stückes fruchtbar machen?

Zunächst beginnt das Stück mit dieser Szene in medias res. Die Darsteller geben sich im Gespräch, im Miteinander zu erkennen und zeigen hier, wes Geistes Kind sie sind und welche Problematik im Zentrum des Interesses steht.

Der Hauptmann zunächst erscheint als merkwürdiger, großspurig faselnder Mensch, der nur aufgrund seines Ranges das Gespräch dominieren darf: Er philosophiert über Zeit und Ewigkeit, er ermahnt Woyzeck, sich die Zeit einzuteilen und ein sinnvolles Leben zu leben. Sinnvoll ist aus seiner Sicht das, was ein guter Mensch tut. So weit, so gut. Aber: Seine Kategorien werden nicht weiter begründet, sie leiten sich aus dem bürgerlichen und militärischen Wertekanon ab, der allgemein verbindlich und nicht hinterfragt alles gesellschaftliche Leben reglementiert. Dieser Wertekanon gilt für die, die es sich leisten können, ihn zu respektieren: für die Militärs, die Ärzte, die großbürgerlichen Repräsentanten der Gesellschaft. Für die Menschen der unteren gesellschaftlichen Schichten, denen Woyzeck angehört, ist dieser Wertekanon nicht nachvollziehbar, weil er nicht gelebt werden kann. In den Äußerungen des Hauptmanns zeigen sich schon einleitend die bürgerliche Hybris und ihre intolerante, selbstverliebte Demonstration einer Macht, die Woyzeck letztlich vernichtet, weil er keinen Platz in dieser Gesellschaft hat.

Der Hauptmann vergnügt sich am Gehorsam seines Dieners und legt willkürlich falsche Fährten: „Ich glaub, wir haben so was aus Süd-Nord?“ (S. 5) Woyzecks schnittiges „Jawohl“ wird sofort verlacht und als Dummheit des Barbiers ausgelegt.

Dem Betrachter hingegen erklärt sich Woyzecks Verhalten: Was soll er tun, wie soll er sich wehren? Er kann gegen die Attacken des Hauptmanns nicht an; vielleicht will er es auch nicht, weil er ein kleines Zubrot neben seinem Militärsold dazuverdienen muss, um Frau und Kind über Wasser zu halten. Vielleicht will er sich auch nicht mit dem schwierigen Hauptmann streiten, weil er immer den Kürzeren ziehen würde und ein anderer den lukrativen Barbierjob übernehmen würde.

Der Hauptmann grenzt sich durch die Anklagen, die er Woyzeck gegenüber äußert, ab und stellt sich selbst als moralischer, tugendhafter Charakter dar, der mit sich und der Welt, in der er lebt, im Einklang ist. Er schließt das Gespräch mit Woyzeck, indem er angibt, dass ihn der Diskurs angegriffen habe. Damit tut er kund, dass ihm an Woyzeck etwas liegt und dass er sich mit dem Leben seines Barbiers auseinander gesetzt hat. Er hat wieder einmal seine Pflicht getan. Alles scheint in Ordnung.

Aber dem ist nicht so. Der Hauptmann ist selbstverliebt, ja „gerührt“ (Regieanweisung S. 6); diese Gefühlsregungen weisen ihn mit einer süffisanten Ironie als einen hohlen, versponnenen und letztlich egozentrischen Menschen aus, der sich eine Welt zurechtgezimmert hat, in welcher für Leute wie Woyzeck kein Platz ist. Woyzeck passt nicht in die Kategorien, mit denen ein Hauptmann sein Gewissen beruhigt und mit denen er ein geregeltes, sinnvolles Leben führt. Zugegeben, er spricht Woyzeck nicht ab, gut zu sein. Aber das allein genügt nicht, um sich in der Gesellschaft, die für den Hauptmann richtungsweisend und sinnstiftend ist, als wichtiges und systemerhaltendes Glied zu legitimieren. Woyzeck antwortet mit den ihm zur Verfügung stehenden Mitteln: Er zitiert die Bibel („Der Herr sprach: Lasset die Kleinen zu mir kommen“, S. 6) und er bringt die Natur ins Spiel.

Woyzeck ist ein einfacher Mann, er verfügt nicht über die Wortgewalt und die rhetorischen Tricks des vergleichsweise gebildeten Hauptmanns, dem es eine Freude zu sein scheint, den armen Tölpel vorzuführen und ihm sein Familienleben als triebhaft schlechtes vorzuhalten. Vielleicht neidet es der Hauptmann ihm, eine Familie, eine Frau und ein Kind zu haben. Vielleicht lästert er bei Woyzeck über all die „Defizite“, die er gerne einmal erfahren würde, damit er lernen könnte, dass das Leben mehr ist als das Militär.

Der Hauptmann übt sich in den bürgerlichen Tugenden des Verzichts. Die Natur versucht er zu überwinden, die Zeit will er sinnvoll nutzen und die Tugend versucht er zu leben. Dafür ist er „gerührt“, das heißt, er trieft vor Selbstmitleid und lebt mit der Überzeugung eines guten Gewissens.

Woyzeck kontert zwar, ist aber nicht aufsässig, nicht aggressiv. Der Grund für seine Lage, seine fehlende Tugend und seine fehlende Moral, ist die Armut: „Es muss was Schönes sein um die Tugend, Herr Hauptmann. Aber ich bin ein armer Kerl.“ (S. 6) Woyzeck kann sich die bürgerlichen Luxusattitüden nicht leisten, er muss um seine Existenz bangen, ebenso wie um seine Familie. Seine Grenzen sind enger, sein Radius beschränkter, seine Freiheit so enorm klein.

Die Möglichkeiten in der Welt sind für einen Woyzeck sehr gering; selbst im Jenseits tun sich wenig Hoffnungen auf, denn: „Unsereins ist doch einmal unselig in der und der andern Welt. Ich glaub, wenn wir in Himmel kämen, so müssten wir donnern helfen.“ In dieser Welt der Hoffnungslosigkeit und der Dunkelheit, die nur Licht für die gibt, die es sich aufgrund ihres sozialen Status leisten können, das tugendhafte Spiel mitzuspielen, sieht es für Menschen wie Woyzeck düster aus. Dieser sieht seine Situation schon richtig: „… aber wenn ich ein Herr wär und hätt ein’ Hut und eine Uhr und eine Anglaise und könnt vornehm reden, ich wollt schon tugendhaft sein.“ (S. 6)

Woyzeck wird wie ein Schulkind gemaßregelt: „Geh jetzt und renn nicht so; langsam, hübsch langsam die Straße hinunter!“ (S. 7) Offensichtlich hat der Hauptmann ein Zeitproblem:

Ist er nicht ausgefüllt mit seinem Leben? Glaubt er, so wichtig zu sein, dass für ihn die Lebenszeit nicht ausreicht und seine Zeit der eines Woyzeck überlegen, qualitativ vorzuziehen ist?

Woyzeck entdeckt in dieser Szene, dass der Hauptmann ein Schwätzer ist, der sein Geschwätz selbst als heiße Luft demaskiert. Woyzeck hingegen antwortet ernsthaft, er bemüht sich, seine Lage und seine Auffassungen zu erklären, wobei er nicht darauf hoffen kann, dass der Hauptmann ihn versteht, weil dieser vielleicht gar nicht verstehen will oder zu verstehen in der Lage ist.

Aber es gibt letztlich keinen Ausweg aus dem Dilemma, in dem sich Woyzeck befindet. Hiermit verweist die Eingangsszene schon auf den determinierten Lebensweg des Protagonisten, der keine Möglichkeit hat, seiner verzweifelten Situation zu entkommen. Alle Befreiungsversuche scheitern, die Schlinge um Woyzecks Hals zieht sich nur noch enger zusammen.

Die Exposition zeigt eindringlich, wie leicht es ist, aus der sicheren Position des gesellschaftlich etablierten Mitglieds (wie der Hauptmann eines ist) eine Position einzunehmen, die den minder Privilegierten nur noch zynisch und gemein vorkommen muss. Die Szene zeigt das Konfliktpotenzial auf, das dem Stück zugrunde liegt, und weist neben den wesentlichen Umständen, die Woyzeck angehen und die sein Schicksal letztlich ausmachen (nämlich Marie und das Kind sowie die Frage nach der Natur und der Tugend und Moral), die Doppelbödigkeit der bürgerlichen Gesinnung und ihrer Repräsentanten aus, die letztlich die Katastrophe des Woyzeck mit zu verantworten haben.

Die Szene „Freies Feld, die Stadt in der Ferne" (S. 7)

Woyzeck und sein Kamerad Andres sind die Protagonisten in dieser kurzen Szene. Die Situation ist denkbar einfach: Zwei Soldaten schneiden für ihre Vorgesetzten Stecken, die dann zur Bestrafung, zur Prügelstrafe eingesetzt werden. Betrachtet man

Woyzeck in dieser Situation, so scheint es fast, als kasteie er sich selbst, denn die Prügel, denen er ausgesetzt ist, sind imaginär, sind Misshandlung seiner Seele. Die Atmosphäre, die in dieser Szene vermittelt wird und die es herauszustellen gilt, unterstreicht diese These.

Schon hier, in dieser zweiten Szene, die noch in den Reigen der Exposition aufzunehmen ist, wird die innere Befindlichkeit des Woyzeck spürbar deutlich. Behauptete der Hauptmann in der ersten Szene noch, dass Woyzeck immer so gehetzt erscheine (vgl. S. 7), so erfährt der Zuschauer hier, dass diese Beobachtung durchaus richtig zu sein scheint. Woyzeck, der den pfeifenden und singenden Andres bei sich hat, beschwört trotz dessen scheinbar guter Laune eine gespenstische Situation herauf: Er behauptet, dass der Platz, auf dem sich beide zum Arbeiten befinden, verflucht sei. Wohl halten sich die beiden an einem Richtplatz auf, denn Woyzeck weiß zu berichten, dass dort abends ein Kopf rolle. Die Natur, die diesen Ort noch unheimlicher erscheinen lässt, wird von Woyzeck detailliert beschrieben: Da wachsen Schwämme (Pilze; als Zeichen eines „verhexten" Ortes), da erscheinen Lichtspiele und über der Stadt wird es hell, ja „ein Feuer fährt um den Himmel und ein Getös herunter wie Posaunen" (S. 7). Woyzecks Beschreibung erinnert an die biblische Apokalypse, an den Tag des Jüngsten Gerichts.

Woyzeck, der einfachste Bildung genossen hat, bezieht seine Vergleiche und die Schilderung dessen, was ihn umtreibt, aus der Bibel. Er benutzt deren Sprache und Bilder, um das Unsagbare, letztlich das, was seine Angst, seine Weltsicht ausmacht, zu artikulieren. Seine innerste Natur, sein Seelenzustand spiegelt sich in diesen Aussagen, die bei Andres auf kein Verständnis stoßen. Der spürt nicht die Bedrohung, dass jemand hinter ihm geht, dass ihn jemand bedroht. Er hört die Stimmen nicht, das Getöse, die Posaunen, die die Welt am letzten Tag in die Schranken weisen und Abrechnung fordern. Er fürchtet sich nur, wohl vor dem rasenden Woyzeck und vor dem unheimlichen Ort. So ist es auch zu erklären, dass zwischen den beiden Männern kein Gespräch aufkommt, denn Woyzecks Sinneswahrnehmungen sind nicht mehr nachvollziehbar.

Gleichzeitig aber erfährt Woyzeck Stille – „man möcht den Atem anhalten", für ihn ist auf einmal alles so, „als wär die Welt tot" (S. 7). Diese Ambivalenz zeigt Woyzecks psychische Zerrissenheit, sie spiegelt seine zwiespältige Wahrnehmung. Die Natur reflektiert diese innere Aufgewühltheit, der Ort und die Todesmetaphorik unterstreichen die Verfolgungsängste, die Vernichtungsfantasien und die tiefe Hoffnungslosigkeit.

Trotzdem gibt es noch den Versuch einer logischen Erklärung: Es seien die Freimaurer, die ihn bedrohten, glaubt Woyzeck. Die ihm unheimlichen Logen der Freimaurer, das fehlende Wissen über ihr Tun und wohl auch die kirchliche Schelte machen diese Vereinigung zum Ausgangspunkt alles Bösen, das für Woyzecks Unheil verantwortlich zu sein scheint. Er kann seine Situation nicht einschätzen und schließt sich aus diesem Grund einem allgemeinen Vorurteil an, macht so andere für seine Stimmen, seine Verfolgungsängste und Engegefühle verantwortlich.

Seine Verhaltensweisen jedoch sind schon die eines psychisch gestörten Individuums: Er „starrt in die Gegend" (S. 7), er reißt Andres ins Gebüsch. Der Zuschauer merkt wohl, dass die Probleme allein aus dem Inneren des Protagonisten, aus dessen Psyche kommen oder doch die Verfasstheit dieser Psyche spiegeln.

Andres wiederum führt Woyzeck in die Wirklichkeit zurück: „Sie trommeln drin." (S. 7) Er wirkt wie eine Folie, wie der Kontrapunkt in dieser disharmonischen Komposition. So holt er den Freund zeitweilig wieder auf den Boden der Tatsachen, indem er ihn zur Rückkehr in die Kaserne auffordert, bevor sich dieser ganz verstrickt. Der Zuschauer freilich bleibt mit einem unguten Gefühl zurück: Welches sind nun die „Tatsachen", welches die Vorspiegelungen?

Zur Rezeption des Dramas

Der *Wozzeck* wurde erst 1913, also im Jahre des 100. Geburtstags Büchners, in Berlin uraufgeführt. Bis dahin hatte das Fragment, dessen sehr fehlerhafter Erstdruck 1879 erfolgte (deshalb der Name Wozzeck statt Woyzeck), eine eher verhaltene Rezeption erfahren. Der eben erwähnte Erstdruck hatte großen Einfluss auf die Dramen des Naturalismus, besonders auf das Werk Gerhart Hauptmanns, und auf den Expressionismus.

1913 kam Alban Bergs Oper *Wozzeck* auf die Bühne. In den 20er- und in den 60er-Jahren des 20. Jahrhunderts erlebte Büchners Drama seinen Höhepunkt, nicht zuletzt wegen der in den Vordergrund gerückten gesellschaftskritischen Implikationen.

In den Zwanzigern, nach dem Ersten Weltkrieg, musste sich die Gesellschaft neu formieren, der Adel hatte abgedankt und ein wieder erstarktes, aber weitgehend orientierungsloses Bürgertum suchte einen Weg, die politischen Verhältnisse zu klären und eine Richtung einzuschlagen, die gravierende soziale Ungerechtigkeiten vermeiden sollte. Wie sollte man mit den Arbeitslosen, wie mit den Armen umgehen? Georg Büchner zeigt im *Woyzeck* drastisch die Folgen einer gnadenlosen Entmündigung und Fremdbestimmung auf, was wohl von den kritischen Intellektuellen als Spiegel der sich abzeichnenden realen Verhältnisse gesehen wurde und dem *Woyzeck* auch abschreckend Bühnengewicht verlieh.

Jahre später sollte ein Führer das Geschick der Menschen bestimmen und es wundert nicht, dass eine Aufführung des *Woyzeck* während der Nazi-Diktatur verboten war, waren doch die Strukturen, die im *Woyzeck* plastisch dargestellt wurden, nur allzu deutlich im Alltag wiederzuerkennen.

In den 60er-Jahren wurde das Stück wiederum ein Erfolg auf der Bühne, denn mit den gesellschaftskritischen 68ern, die den Dünkel der Wirtschaftswunderjahre verpönten und die mit der NS-Vergangenheit aufräumen wollten, wurde der *Woyzeck* zum Demonstrationsobjekt des unterdrückten Menschen, der förmlich nach dem herrschaftsfreien Diskurs schrie und die Linke auf seiner Seite hatte.

Aber auch heute ist der *Woyzeck* aus dem Repertoire der großen Bühnen nicht mehr wegzudenken. Er ist ein Klassiker auch in der Schule, wo Büchners Werk fester Bestandteil des Lehrplans ist und sozusagen zum Bildungskanon zählt. Was macht diesen *Woyzeck* also überzeitlich, aktuell und für uns heute im 21. Jahrhundert interessant wie eh und je?

Zum einen ist es wohl die immer wieder herausfordernde Sperrigkeit des Fragments, welches so viele Möglichkeiten eines neuen Arrangements bietet, dass es für einen Regisseur experimentell reizvoll ist, den *Woyzeck* nach seinen Vorstellungen zu inszenieren, zu provozieren. Die Offenheit, die Büchner zwischen den Zeilen ermöglicht, zieht zahlreiche Interpretationen und Gestaltungsmöglichkeiten nach sich – eine Chance, die viele Stücke eben nicht bieten (können oder wollen).

Woyzeck ist zum Vorreiter des modernen Theaters geworden. Inhaltlich sicherlich überzeitlich bleibt die Frage nach der Verstrickung des Individuums im Geflecht unüberschaubar gewordener gesellschaftlicher Strukturen, nach der „transzendentalen Obdachlosigkeit“ des modernen Menschen und nach dem Sinn des Lebens. Ebenso wirft der *Woyzeck* die Probleme der Partnerschaft, der Treue und des Rechts auf Selbstentfaltung auf. Nicht zuletzt relativiert der *Woyzeck* eine eindeutige Schuldzuweisung, die es seit Büchner differenzierter zu betrachten gilt. Büchner hat mit dem Vergrößerungsglas das Schicksal eines Menschen zu einem allgemein menschlichen gemacht, das bis heute Fragen aufwirft und an Aktualität letztlich nichts eingebüßt hat.

Literaturverzeichnis

Verwendete Ausgabe:

GEORG BÜCHNER: *Woyzeck. Leonce und Lena.*
Stuttgart: Reclam 2001 (Universal-Bibliothek Nr. 7733)

Weitere empfehlenswerte Literatur:

BORNSCHEUER, L.: *Neue Beurteilung der Woyzeck-Handschriften.*
In: Germanisch-Romanische Monatsschrift 22 (1972),
S. 113–123.

ELEMA, H.: *Der verstümmelte „Woyzeck".*
In: Neophilologus 49 (1965), S. 131–156.

FRANZ, E. / WOLF, J. R. (Hrsg.): *Georg Büchner und seine Zeit.*
Ausstellung der hessischen Staatsarchive 1987, Darmstadt 1987.

MEIER, A.: *Georg Büchner. Woyzeck.*
München ^{3}1993 (UTB 975).

VIETOR, K.: *Georg Büchner. Politik, Dichtung, Wissenschaft.*
Bern 1949.

WETZEL, H.: *Die Entwicklung Woyzecks in Büchners Entwürfen.*
In: Euphorion 74 (1980), S. 375–396.

Wichtige Internet-Links, zusammengestellt von Felix Weiland, finden sich unter:
www.buechner-goethe.de/texte/links.htm

Anmerkungen

1 Deshalb werden wir im Kapitel „Woyzeck und die ihn umgebenden Figuren" alle Personen in der direkten Beziehung zu Woyzeck charakterisieren (s. *Interpretationshilfe,* S. 27 ff.).
2 Vgl. hierzu das Kapitel zur Weltsicht Büchners, wie sie im Drama zum Ausdruck kommt (s. *Interpretationshilfe,* S. 43 ff.).
3 Die in der Inhaltsangabe deutlich gewordene dramatische Struktur, die in der Katastrophe mündet, basiert im Wesentlichen auf der von Fritz Bergemann vorgenommenen Anordnung der Einzelszenen (vgl. *Interpretationshilfe,* S. 10), die in der Insel-Ausgabe des *Woyzeck* (1958) nachzulesen ist. (Die dieser *Interpretationshilfe* zugrunde liegende Reclam-Ausgabe orientiert sich daran.)

Ihre Meinung ist uns wichtig!

Ihre Anregungen sind uns immer willkommen. Bitte informieren Sie uns mit diesem Schein über Ihre Verbesserungsvorschläge!

Titel-Nr.	Seite	Vorschlag

Bitte hier abtrennen

Bitte hier abtrennen

Zutreffendes bitte ankreuzen! Die Absenderin/der Absender ist:

- ☐ Lehrer/in in den Klassenstufen: ____
- ☐ Fachbetreuer/in
  Fächer: ____
- ☐ Seminarlehrer/in
  Fächer: ____
- ☐ Regierungsfachberater/in
  Fächer: ____
- ☐ Oberstufenbetreuer/in
- ☐ Schulleiter/in
- ☐ Referendar/in, Termin 2. Staatsexamen: ____
- ☐ Leiter/in Lehrerbibliothek
- ☐ Leiter/in Schülerbibliothek
- ☐ Sekretariat
- ☐ Eltern
- ☐ Schüler/in, Klasse: ____
- ☐ Sonstiges: ____

STARK Verlag
Postfach 1852
85318 Freising

15-V1P

Bitte ausfüllen und im frankierten Umschlag an uns einsenden. Für Fensterkuverts geeignet.

Kennen Sie Ihre Kundennummer? Bitte hier eintragen.

Absender (Bitte in Druckbuchstaben!)

Name/Vorname

Straße/Nr.

PLZ/Ort

Telefon privat **Geburtsjahr**

E-Mail

Schule/Schulstempel (Bitte immer angeben!)

Unterrichtsfächer: (Bei Lehrkräften!)

STARK Interpretationshilfen und Trainingsbände

für die Oberstufe

Deutsch Interpretationen

Deutsch – Interpretationshilfen 1
Aus dem Inhalt: Goethe: *Faust, Iphigenie;* Schiller: *Maria Stuart, Wallenstein, Don Carlos;* Tieck: *Der blonde Eckbert;* E.T.A. Hoffmann: *Der goldne Topf;* Kleist: *Michael Kohlhaas, Prinz Friedrich von Homburg;* Eichendorff: *Aus dem Leben eines Taugenichts;* Büchner: *Woyzeck, Lenz;* Mörike: *Mozart auf der Reise nach Prag;* Fontane: *Effi Briest, Frau Jenny Treibel;* Hebbel: *Maria Magdalena;* Hauptmann: *Rose Bernd, Bahnwärter Thiel*
■ .... Best.-Nr. 94407

Deutsch – Vom Expressionismus bis zur Literatur der DDR
Aus dem Inhalt: Trakl: *Grodek;* Benn: *Mann und Frau gehen durch die Krebsbaracke;* Döblin: *Berlin Alexanderplatz;* Kästner: *Sachliche Romanze;* Rilke: *Der Panther;* Brecht: *Der gute Mensch von Sezuan;* Horváth: *Geschichten aus dem Wiener Wald;* Kafka: *Der Prozeß, Die Verwandlung;* H. Mann: *Der Untertan;* Musil: *Die Verwirrung des Zöglings Törleß;* Seghers: *Das siebte Kreuz;* Enzensberger: *Fremder Garten;* Bachmann: *Reklame;* Böll: *Die verlorene Ehre der Katharina Blum;* Dürrenmatt: *Die Physiker;* Frisch: *Homo faber;* Grass: *Die Blechtrommel;* Walser: *Ein fliehendes Pferd;* Weiss: *Verfolgung und Ermordung Jean Paul Marats;* Brecht: *Böser Morgen;* Biermann: *Und als wir ans Ufer kamen;* Wolf: *Kassandra*
■ .... Best.-Nr. 94408

Interpretationshilfen zu Einzellektüren:
Brecht: *Der aufhaltsame Aufstieg des Arturo Ui* .... Best.-Nr. 2400281
Brecht: *Der kaukasische Kreidekreis* .. Best.-Nr. 2400171
Brecht: *Leben des Galilei* .... Best.-Nr. 2400011
Brussig: *Am kürzeren Ende der Sonnenallee* .. Best.-Nr. 2400201
Büchner: *Dantons Tod* .... Best.-Nr. 2400121
Büchner: *Woyzeck* .... Best.-Nr. 2400041
Büchner: *Leonce und Lena* .... Best.-Nr. 2400261
Camus: *L'Etranger/Der Fremde* .... Best.-Nr. 2550041
Eichendorff: *Aus dem Leben eines Taugenichts* .... Best.-Nr. 2400071
Eichendorff: *Das Marmorbild* .... Best.-Nr. 2400081
Fontane: *Effi Briest* .... Best.-Nr. 2400371
Fontane: *Irrungen Wirrungen* .... Best.-Nr. 2400401
Frisch: *Homo faber* .... Best.-Nr. 2400031
Goethe: *Faust I* .... Best.-Nr. 2400511
Goethe: *Gedichte (1771–1783)* ...... Best.-Nr. 2400181
Goethe: *Die Leiden des jungen Werther* .... Best.-Nr. 2400051
Hein: *Der fremde Freund/Drachenblut* ...... Best.-Nr. 2400061
Kafka: *Der Proceß* .... Best.-Nr. 2400481
Kafka: *Die Verwandlung/Das Urteil* .. Best.-Nr. 2400141
Keller: *Romeo und Julia auf dem Dorfe* .... Best.-Nr. 2400321
Kerner: *Blueprint. Blaupause* .... Best.-Nr. 2400391
Kleist: *Michael Kohlhaas* .... Best.-Nr. 2400111
Lessing: *Emilia Galotti* .... Best.-Nr. 2400191
Lessing: *Nathan der Weise* .... Best.-Nr. 2400501
Th. Mann: *Der Tod in Venedig* .... Best.-Nr. 2400291
Th. Mann: *Tonio Kröger/ Mario und der Zauberer* .... Best.-Nr. 2400151
Nooteboom: *Die folgende Geschichte* Best.-Nr. 2400251
Sartre: *Huis clos/ Geschlossene Gesellschaft* .... Best.-Nr. 2550051
Schiller: *Don Carlos* .... Best.-Nr. 2400161
Schiller: *Kabale und Liebe* .... Best.-Nr. 2400231
Schiller: *Die Räuber* .... Best.-Nr. 2400421
Schiller: *Maria Stuart* .... Best.-Nr. 2400271
Schlink: *Der Vorleser* .... Best.-Nr. 2400101
Schneider: *Schlafes Bruder* .... Best.-Nr. 2400021
Schnitzler: *Traumnovelle* .... Best.-Nr. 2400311
Sophokles: *Antigone* .... Best.-Nr. 2400221
Storm: *Der Schimmelreiter* .... Best.-Nr. 2400381
Strittmatter: *Raabe Baikal* .... Best.-Nr. 2400241
Süskind: *Das Parfum* .... Best.-Nr. 2400091
Timm: *Die Entdeckung der Currywurst* .... Best.-Nr. 2400301
Vanderbeke: *Das Muschelessen* .... Best.-Nr. 2400331
Zweig: *Schachnovelle* .... Best.-Nr. 2400441

Deutsch Training

Training Methoden Deutsch .... Best.-Nr. 944062
Analyse von Sachtexten und Erörterung .... Best.-Nr. 944094
Abitur-Wissen Erörtern und Sachtexte analysieren .... Best.-Nr. 944064
Abitur-Wissen Textinterpretation Lyrik, Drama, Epik .. Best.-Nr. 944061
Abitur-Wissen Deutsche Literaturgeschichte .... Best.-Nr. 94405
Abitur-Wissen Prüfungswissen Oberstufe .... Best.-Nr. 94400
Deutsch 11. Klasse .... Best.-Nr. 90405
Aufsatz Oberstufe .... Best.-Nr. 84401
Kompakt-Wissen Rechtschreibung ...... Best.-Nr. 944065
Lexikon Autoren und Werke .... Best.-Nr. 944081

(Bitte blättern Sie um)